52 SEMANAS *en la* PALABRA

UN COMPAÑERO PARA LA LECTURA
DE LA BIBLIA EN UN AÑO

TRILLIA J. NEWBELL

ORIGEN

Penguin Random House Grupo Editorial

Primera edición: enero de 2026

Este libro ha sido publicado originalmente en los EE. UU. por Moody Publishers,
820 N. LaSalle Blvd., Chicago, IL 60610 con el título *52 Weeks In The Word*,

Publicado por ORIGEN®, marca registrada de
Penguin Random House Grupo Editorial USA, LLC.

Imágenes de interiores: © 2021 Xenia Artwork/iStock (montañas: 1299465379, montañas: 1299850614, plantas: 1309236761); © 2022 Xenia Artwork/Shutterstock (montañas: 1906795684); © 2022 Nadia Grapes/Shutterstock (patrón tribal: 1389285218, hojas/siluetas: 1756747541, floral abstracto: 1858737874, follaje abstracto: 1859693353, hojas: 1907453473, montañas/hojas: 1947830434, líneas abstractas: 2142737565); © 2022 Reuki/Shutterstock (recortes minimalistas: 1758818747, espinas: 1771306325).

Impreso en Colombia / *Printed in Colombia*

Información de catalogación de publicaciones disponible
en la Biblioteca del Congreso de los Estados Unidos

ISBN: 979-8-89098-422-7

Al Señor, que rescató mi vida del abismo
y me coronó de favores y misericordia.

Índice

Introducción
Leer la Biblia para nuestro deleite

La palabra alfabetización significa competencia o conocimiento en un área específica. Por lo tanto, la instrucción bíblica es la competencia o el conocimiento de la Biblia. Muy sencillo. Sin embargo, los estudios muestran que la mayoría de los estadounidenses que poseen una Biblia, en realidad, no la leen.[1] Si has elegido este libro, puedo suponer un par de cosas: 1) amas a Dios y Su Palabra o 2) quieres crecer en tu amor por Dios y por Su Palabra. Tu deseo es adquirir instrucción bíblica.

Probablemente, esto sea una simplificación exagerada de lo que eres. También podrías ser alguien que se siente culpable porque ha intentado leer la Biblia, pero no ha logrado convertirlo en una parte diaria de su vida, por lo que necesitas ayuda. O, tal vez, nunca has leído la Biblia y quieres emprender un desafío de un año, convirtiéndolo en tu propósito de Año Nuevo. Quizás has recibido este libro como regalo y no estás seguro de si continuarás leyéndolo (¡espero que lo hagas, y oro para que *sea* de bendición para ti!). Sea cual sea la razón por la que has llegado hasta aquí, tienes esta obra en tus manos, y te lo agradezco, ya que te conducirá al libro más importante que posees.

Creo que tú y yo encajamos en esas dos categorías simplificadas. Probablemente, tanto tú como yo amamos a Dios y Su Palabra, *y* deseamos crecer en nuestro amor por Dios y por Su Palabra.

Cada vez que nos proponemos hacer algo importante, como leer la Biblia en un año, es común comenzar el viaje con dudas. Sentimos que ya hemos fracasado, incluso antes de empezar.

Por eso, antes de sumergirnos en el meollo de cómo utilizar este recurso para la lectura de la Biblia, quiero disipar tus dudas. Ninguno de nosotros ha alcanzado la perfección. Todos tenemos dificultades, de vez en cuando, para leer la Biblia e interpretarla correctamente. Habrá muchos de ustedes que comenzarán a leer y luego necesitarán autoentrenarse para seguir adelante. Empezarán, se detendrán y volverán a empezar. Y he aquí la buena noticia: está bien. No solo está bien, sino más que bien. El objetivo de este libro no es ganar una carrera o un premio; no obtendremos más favor ante el Señor. La meta es proporcionar un recurso más para ayudarte a sumergirte en la Palabra, permanecer en ella y alcanzar la instrucción bíblica.

LO QUE ESTE LIBRO NO ES

La mayoría de los autores no quieren que sepas lo que su libro *no* es, ¡incluso antes de empezar! Sin embargo, yo quiero que lo sepas para que: 1) tengas expectativas realistas y, 2) entiendas que tendrás que hacer el trabajo. He tenido el privilegio de escribir varios estudios bíblicos, los cuales llevan al lector a una inmersión profunda en el texto. Este tipo de estudios ayuda al lector a observar, interpretar y poner en práctica lo escrito. Seguiré escribiendo estudios bíblicos, si el Señor lo permite, pero al enseñarlos, me di cuenta de que presuponían una base de conocimientos y comprensión básicos del argumento de las Escrituras. Algunos han dicho que el Nuevo Testamento interpreta el Antiguo, y mientras enseñaba estas lecciones, me oía decir: «Si has leído Génesis, sabes... » o «Como sabes, las parteras hebreas... ».

La cuestión es que no puedo tenerlo todo claro, y no es eso lo que te estoy sugiriendo que hagas. Me confundo con todos los hombres cuyos nombres empiezan con «J» (en serio, Jacob, Josué, José, etc. ¡Cuántas jotas!). Puedo recordar temas generales, pero suelo olvidar detalles minúsculos. (¿Cuántos amigos tenía Job, tres o cuatro? ¿Importa? No estoy segura). Sin embargo, la única manera de entender lo que está sucediendo y cómo todo se conecta es leyendo la Biblia completa. Todo está conectado. Leer los Evangelios y el libro de Hebreos, por ejemplo, solo tiene sentido si has leído el Antiguo Testamento. No es necesario conocer todos los hechos y sucesos históricos, pero nos beneficiaría aprender a leer la Biblia en su totalidad en lugar de regresar siempre a nuestro libro favorito y leer solo ese libro una y otra vez. Confieso que he leído Romanos y Efesios tal vez unas cien veces, pero Malaquías, tal vez tres.

Entonces, ¿qué no es este libro? No es un estudio bíblico de un año. El objetivo es la lectura de la Biblia. Es un diario, un incentivo y una guía para *ayudarte* a seguir leyendo. Estoy aquí para acompañarte en el compromiso de la lectura de la Biblia. Esto no es un resumen de la Biblia (aunque esos son recursos maravillosos); quiero que *tú* leas la Biblia. Este no es un estudio línea por línea con preguntas inductivas (tendrás tiempo para eso si decides hacer una pausa; más sobre eso a continuación). En última instancia, mi esperanza es que, a medida que leas la Palabra de Dios, te enamores más del Salvador y desees aprender más sobre Él.

Mientras buscamos deleitarnos en Dios, es importante aclarar que nuestro tiempo de lectura *no* se trata de ganar su aprobación o favor. Intentar hacerlo nos lleva a la trampa del legalismo en nuestra adoración: perseguir buenas obras con la intención de ganar el favor de Dios. Un ejemplo de legalismo es leer las Escrituras para que Dios te ame y se complazca contigo, y asegurar tu posición delante de Él. Cuando trabajamos duro para ganar el favor de Dios, no estamos operando con fe. En cambio, estamos diciendo que debemos añadir algo a la obra terminada de Jesús en la cruz; que Su obra no fue suficiente y, por lo tanto, debemos esforzarnos para hacerlo feliz, en este caso, pasando tiempo deleitándonos en Su Palabra.

La buena noticia es que *52 semanas en la Palabra* tampoco se trata de ganarse la aprobación de Dios. ¡Ya la tenemos!

PREPAREMOS NUESTROS CORAZONES

Uno de los regalos más dulces de Dios, además de Él mismo, es Su Palabra. Las Escrituras han sido inspiradas por Dios. Tanto el Antiguo como el Nuevo Testamento son Sus palabras que nos revelan quién es Él (2 Pedro 1:21). Las Escrituras son útiles, vinculantes, relevantes y verdaderas (2 Ti 3:16-17). La ley es perfecta e infunde nuevo aliento (Sal 19:7). El Señor usa Su Palabra para acercar a las personas Él (Ro 10:17). Dios, en Su gracia, nos ha dado a ti y a mí acceso para conocer muchas cosas sobre Él: Su creación, Sus deseos para nosotros y, lo más importante, Su Hijo. ¿Estamos leyendo y atesorando este precioso regalo? Este libro es una herramienta para ayudarte a que así sea.

He tenido temporadas llenas del Espíritu, de adoración y de constancia en la Palabra, y otras en las que la lectura se ha sentido más como un deber que como un gozo o un deleite. He tenido temporadas en las que me he levantado a las cinco de la mañana para leer, estudiar y orar, y otras en las que me sentía feliz con solo meterme en la ducha y darles de comer a los niños. Todos podemos reconocer que hay momentos en la vida en los que leer la Biblia es difícil, aunque lo deseemos.

Tengo una buena noticia y, tal vez, una mala: no necesariamente estamos buscando la euforia espiritual cada vez que nos acercamos a la Palabra de Dios. Si te acercas a la Palabra con la mentalidad de que, si no *sientes* algo no estás *obteniendo* nada de ella, no la leerás. Cambiar el enfoque de ti mismo hacia Dios no solo es apropiado, sino también liberador. Tendrás que recordarte esta verdad cuando nos adentremos en las profundidades de Levítico o comencemos a leer todos los nombres en 1 Crónicas. Encontramos gozo en las Escrituras, no porque nos hagan sentir bien, sino porque nos conducen a Aquel que las inspiró.[2]

Ahora que comprendemos el propósito y la postura con la que esperamos acercarnos a este plan de lectura, aprendamos a utilizarlo.

COMENCEMOS

Durante las próximas 52 semanas (¿no te parece que 52 semanas suena más fácil que 365 días?), tendrás:

1. Lecturas diarias de las Escrituras.
2. Preguntas de reflexión diarias (¡las mismas para que sea más fácil seguir adelante!).
3. Sugerencias de oración y un espacio para escribir la tuya propia.
4. Una reflexión semanal sobre una parte del texto de la lectura asignada. (Estas variarán porque el objetivo es la lectura de la Biblia, y esto es un complemento, no un sustituto).
5. Un día de descanso el último día de la semana.

Las 52 semanas están diseñadas para ser leídas secuencialmente; sin embargo, si te pierdes una semana, simplemente comienza desde donde te detuviste la última vez. En otras palabras, se trata de 52 semanas de lectura de la Biblia que puedes adaptar a tus necesidades.

Las lecturas diarias

Este plan de lectura te llevará desde Génesis hasta Apocalipsis, recorriendo unos pocos capítulos cada día durante un año. No hay reglas sobre cómo ni a qué hora del día leer. Algunos pueden optar por escuchar la Biblia mientras dan su paseo diario; otros, tal vez, se despierten a las cinco de la mañana para leer antes de que salga el sol; y algunos preferirán leer antes de acostarse. La elección es tuya. No hay reglas.

Si quieres adelantarte y ver qué leerás cada día, encontrarás la tabla del plan de lectura al final del libro.

Preguntas de reflexión diaria

Cada día, te invito a reflexionar sobre las mismas tres preguntas:

1. Qué revelan estos versículos sobre Dios y Su carácter?
2. ¿De qué manera Jesús está presente en estos capítulos? ¿Dónde identificas el evangelio?
3. ¿Cómo podrías aplicar estos versículos a tu vida?

La Biblia trata sobre Dios, así que quiero ayudarte a reflexionar sobre lo que acabas de leer y lo que revela acerca de Él. Es posible que hayas oído la frase «Jesús está en cada página» o que todas las Escrituras apuntan a nuestro Salvador. Cuanto más leo, más me doy cuenta de que esto es cierto. Además, ¡Jesús mismo lo afirmó (Juan 5:39)! Mi deseo es que recordemos al Señor y Su evangelio cada día. La segunda pregunta nos invita a considerar de qué manera Jesús se manifiesta, se prefigura o se menciona explícitamente en el texto. Sin embargo, no hay que forzarlo en cada pasaje; si en algunos textos no se aplica claramente, no pasa nada. Por último, la Biblia no solo es para leerla, sino para vivirla. Debemos pensar en cómo aplicar cada lectura a nuestra vida. Ten en cuenta que esto no es un examen. Estas preguntas están diseñadas para ayudarte a reflexionar, pero si llegas a un pasaje particularmente difícil y no sabes cómo abordarlo, tal vez puedas anotarlo para volver a él más adelante.

Sugerencias de oración

52 semanas en la Palabra no es un libro sobre la oración. Sin embargo, si deseamos tener una relación profunda con el Señor, debemos hablar con Él a través de la oración. Y si anhelamos sabiduría, debemos pedirla (Santiago 1:5). Debemos pedirle al Señor que nos ilumine Su Palabra. Sin duda, requeriremos Su ayuda para leer, comprender y poner en práctica las Escrituras. Pidámosla.

Una reflexión semanal

Al final de cada semana, antes del día de descanso, encontrarás reflexiones diseñadas para ayudarte a reenfocarte, hacer una pausa y meditar en algún aspecto de tu lectura semanal. Puede tratarse de un pensamiento devocional sobre un pasaje, reflexiones sobre su contexto o una revelación que surgió durante mi propia lectura.

Leerás mucho. Como tu compañera y tu apoyo en la lectura de la Biblia, quiero animarte, pero sin abrumarte con más contenido. Sin embargo, cada breve artículo parte del supuesto de que has leído los capítulos asignados esa semana.

Un día de descanso

Admito que la expresión «un día de descanso» podría dar la impresión de que considero la lectura bíblica como un trabajo del que necesitamos tomar un respiro. Sin embargo, el día de descanso al final de cada semana no es un descanso de la Biblia en sí, sino de este plan de lectura en particular. Puedes utilizar este día para ponerte al día con las lecturas pendientes, profundizar en un concepto teológico o en un pasaje que te haya llamado la atención. También puede ser una oportunidad para adelantarte en la lectura si así lo deseas o para volver a un devocional y reflexionar más en él. Ese día no tendrá una asignación de lectura diaria, por lo que eres libre de usarlo como desees.

PERO, ¿REALMENTE TENGO TIEMPO?

¡Claro que sí! Tienes más tiempo del que te imaginas. Y si decides emplear otros métodos alternos, como escuchar la Biblia, es posible que te sorprenda cuánto eres capaz de «leer» en un año. Hay numerosos cuadros y cálculos que indican cuánto se tarda terminar cada libro bíblico. Pero, como puedes ver en la siguiente lista, ¡la mayoría de ellos pueden leerse en menos de una hora![3]

Duración estimada de lectura (de menor a mayor tiempo)[4]

LIBRO	MINUTOS
3 Juan	2.2
2 Juan	2.5
Filemón	3.5
Abdías	4.5
Judas	4.6
Tito	7
2 Tesalonicenses	8
Nahúm	8.5
Hageo	9
Habacuc	10
Jonás	10
2 Pedro	10
Sofonías	10
2 Timoteo	12
Malaquías	13
Joel	15
1 Tesalonicenses	15
Colosenses	16
1 Timoteo	16
Filipenses	16
1 Pedro	17
Santiago	17.5
Cantares	20
Rut	20
Miqueas	21
1 Juan	21
Gálatas	22
Lamentaciones	23
Efesios	24
Amós	30
Oseas	36
2 Corintios	45
Eclesiastés	45

LIBRO	MINUTOS
Zacarías	48
Ester	49
Hebreos	50
Esdras	56
1 Corintios	68
Romanos	71
Nehemías	85
Daniel	90
Apocalipsis	98
Proverbios	99
Marcos	113
Job	126
Jueces	153
Juan	156
Josué	156
1 Crónicas	166
2 Samuel	171
Mateo	183
Hechos	184
2 Reyes	187
Levítico	188
Lucas	194
1 Reyes	203
1 Samuel	208
2 Crónicas	213
Deuteronomio	230
Números	250
Isaías	256
Éxodo	259
Ezequiel	299
Salmos	301
Génesis	320
Jeremías	330

Ahora ¡a leer la Biblia!

Al principio, Dios creó l
tierra. La tierra estaba si
y la oscuridad estaba so
profundidades. Y el Esp
cernía sobre la faz de las
dijo: "Que haya luz", y ha
vio que la luz era buena
la luz de la oscuridad. D
día de la luz y la oscurid
noche. Y hubo tarde y h
el primer día. Y Dios dij
una extensión en medio
deje que separe las agua
Y Dios hizo la extensión
aguas que estaban bajo

SEMANA 1

Génesis 1
a
Génesis 28

Considera

1. ¿Qué revelan estos versículos sobre Dios y Su carácter?
2. ¿De qué manera Jesús está presente en estos capítulos? ¿Dónde identificas el evangelio?
3. ¿Cómo podrías aplicar estos versículos a tu vida?

DÍA 1 • *Lee* Génesis 1–4

DÍA 2 • *Lee* Génesis 5–10

Haz o escribe tu oración:

Considera

1 ¿Qué revelan estos versículos sobre Dios y Su carácter?
2 ¿De qué manera Jesús está presente en estos capítulos? ¿Dónde identificas el evangelio?
3 ¿Cómo podrías aplicar estos versículos a tu vida?

DÍA 3 • *Lee* Génesis 11–16

DÍA 4 • *Lee* Génesis 17–20

Haz o escribe tu oración:

Considera

1 ¿Qué revelan estos versículos sobre Dios y Su carácter?
2 ¿De qué manera Jesús está presente en estos capítulos? ¿Dónde identificas el evangelio?
3 ¿Cómo podrías aplicar estos versículos a tu vida?

DÍA 5 • *Lee* Génesis 21–24

DÍA 6 • *Lee* Génesis 25–28

Haz o escribe tu oración:

SEMANA 1
REFLEXIÓN

Un comienzo acelerado

El libro de Génesis avanza de manera rápida. En los primeros capítulos, vemos cómo Dios creó el mundo, los animales y los seres humanos. Al crear a los seres humanos, el Señor hizo algo que afectó la forma en que interactuamos con Él, en la que nos vemos unos a otros y participamos en el mundo: Dios creó al ser humano a Su imagen (*imago Dei*). Sin embargo, los primeros seres humanos arruinaron las cosas. Tras la caída del primer hombre y la primera mujer, aparecieron la vergüenza, los celos, la rivalidad entre hermanos, el asesinato y la muerte. La corrupción se extendió por la tierra, y Dios impuso Su justicia. Y cuando parecía que todo estaba perdido, una nueva vida y nuevas promesas —grandes y gloriosas promesas— irrumpieron en escena. Podríamos pasar el resto de nuestros días aprendiendo sobre los primeros capítulos de Génesis, el comienzo de la épica historia de la redención. Dios comienza Su despliegue de amor y misericordia desde el principio: creando todas las cosas y llamándolas buenas, proveyendo y cuidando de nuestros antepasados caídos. Es una gran historia, una historia verdadera, y apenas hemos comenzado.

Estoy más convencida que nunca de que, si logras entender lo que ocurre en Génesis, comprenderás mejor toda la Biblia.

¡Sigamos leyendo!

IDEAS PARA EL DÍA DE DESCANSO

Ponte al día con las lecturas que te hayan quedado pendientes.

Tómate un momento para estudiar un pasaje o capítulo con el método de estudio bíblico que prefieras.

Identifica a una persona o situación en el texto y profundiza en su historia.

SEMANA 2

Génesis 29
a
Génesis 50

Considera

1 ¿Qué revelan estos versículos sobre Dios y Su carácter?
2 ¿De qué manera Jesús está presente en estos capítulos? ¿Dónde identificas el evangelio?
3 ¿Cómo podrías aplicar estos versículos a tu vida?

DÍA 1 • *Lee* Génesis 29–31

DÍA 2 • *Lee* Génesis 32–36

Haz o escribe tu oración:

Considera

1 ¿Qué revelan estos versículos sobre Dios y Su carácter?
2 ¿De qué manera Jesús está presente en estos capítulos? ¿Dónde identificas el evangelio?
3 ¿Cómo podrías aplicar estos versículos a tu vida?

DÍA 3 • *Lee* Génesis 37–40

DÍA 4 • *Lee* Génesis 41–43

Haz o escribe tu oración:

Considera

1 ¿Qué revelan estos versículos sobre Dios y Su carácter?
2 ¿De qué manera Jesús está presente en estos capítulos? ¿Dónde identificas el evangelio?
3 ¿Cómo podrías aplicar estos versículos a tu vida?

DÍA 5 • *Lee* Génesis 44–47

DÍA 6 • *Lee* Génesis 48–50

Haz o escribe tu oración:

SEMANA 2
REFLEXIÓN

El perdón inmerecido

La historia de José y sus hermanos es realmente increíble. No puedo imaginar que mi propia familia me venda como esclava. Lo sorprendente es que los hermanos parecían pensar que le estaban haciendo un favor a José al no matarlo y, en cambio, venderlo (Gn 37:25-27). ¿Con qué frecuencia, me pregunto, también excusamos nuestras malas acciones? ¿Quién necesita un drama televisivo cuando tiene el libro de Génesis? Hay muchos detalles en este relato que nos ayudan a entender la historia de Israel; sin embargo, lo que más me llamó la atención fue el perdón de José hacia sus hermanos.

Con frecuencia escuchamos sus palabras parafraseadas: «Lo que el hombre planeó para mal, Dios lo planeó para bien» (Gn 50:19–20). Lo asombroso es que José tuvo fe en medio de todos sus sufrimientos, aun antes de conocer el final de la historia. No negó al Señor. Su fe, hasta donde podemos ver, no flaqueó. Y aunque las palabras de José, por desdicha, se han convertido en un cliché, sabemos que son verdaderas. Podemos señalar con toda razón Romanos 8:28 y proclamar que sí, ¡todos los planes de Dios son buenos y para nuestro bien!

José, sin embargo, no solo nos señala a Aquel en quien confió para que le proveyera (Dios), sino que también proveyó para sus hermanos (Gn 50:21). Los consoló y les habló con bondad. La demostración radical de amor y perdón de José nos apunta a Jesús, que no solo perdona el pecado y da gracia a los que no la merecen (Ef 2:8–10), sino que también recompensa a los que lo siguen (Heb 11:6). Perdón inmerecido, gracia no ganada y dones gratuitos: todo es de nosotros por medio de nuestro Señor.

IDEAS PARA EL DÍA DE DESCANSO

Ponte al día con las lecturas que te hayan quedado pendientes.

Tómate un momento para estudiar un pasaje o capítulo con el método de estudio bíblico que prefieras.

Identifica a una persona o situación en el texto y profundiza en su historia.

SEMANA 3

Éxodo 1

a

Éxodo 21

Considera

1 ¿Qué revelan estos versículos sobre Dios y Su carácter?
2 ¿De qué manera Jesús está presente en estos capítulos? ¿Dónde identificas el evangelio?
3 ¿Cómo podrías aplicar estos versículos a tu vida?

DÍA 1 • *Lee* Éxodo 1–4

DÍA 2 • *Lee* Éxodo 5–8

Haz o escribe tu oración:

Considera

1 ¿Qué revelan estos versículos sobre Dios y Su carácter?
2 ¿De qué manera Jesús está presente en estos capítulos? ¿Dónde identificas el evangelio?
3 ¿Cómo podrías aplicar estos versículos a tu vida?

DÍA 3 • *Lee* Éxodo 9–11

DÍA 4 • *Lee* Éxodo 12–14

Haz o escribe tu oración:

Considera

1 ¿Qué revelan estos versículos sobre Dios y Su carácter?
2 ¿De qué manera Jesús está presente en estos capítulos? ¿Dónde identificas el evangelio?
3 ¿Cómo podrías aplicar estos versículos a tu vida?

DÍA 5 • *Lee* Éxodo 15–17

DÍA 6 • *Lee* Éxodo 18–21

Haz o escribe tu oración:

SEMANA 3
REFLEXIÓN

Dios juzga

Dios es un Dios de justicia. Los egipcios esclavizaron a Israel. El corazón del faraón se endureció y no dejaba que los israelitas se marcharan. Entonces, Dios mostró Su justicia a través de las plagas. A menudo, parece que las plagas se relatan como un cuento de hadas: historias bíblicas animadas. Sin embargo, si tomamos un momento para considerar todo lo que profesamos sobre la Palabra de Dios, debemos creer que estos eventos no solo ocurrieron, sino que afectaron a todo Egipto. Me imagino que si hoy en día el agua se convirtiera en sangre, habría un gran clamor y un sentimiento de desesperación; muchos se volverían a Dios y orarían pidiendo misericordia. No obstante, sin duda surgirían preguntas: «¿Realmente Dios hizo eso?». «¿Cómo pudo Dios ser soberano y permitir esta destrucción?».

No pretendo conocer todos los caminos de Dios. Como escribió el autor de himnos William Cowper:

> *Dios se mueve de manera misteriosa,*
> *para realizar Sus maravillas;*
> *Él planta Sus pasos en el mar*
> *y cabalga sobre la tormenta.*[1]

Sus caminos no son nuestros caminos (Is 55:8-9). Y sabemos que Dios no puede pecar, porque es justo y santo. Lo que queda claro al enviar las plagas, y lo que parece ser el mensaje principal, es esto: Dios es real y no hay nadie como Él (Éx 7:17; 8:10; 9:14b).[2]

Comprender todos los atributos de Dios nos permite adorarlo de la manera correcta. Entender la gravedad del pecado contra nuestro Dios santo y justo nos hace arrodillarnos en acción de gracias por Cristo, nuestro Cordero pascual (1 Co 5:7)

IDEAS PARA EL DÍA DE DESCANSO

Ponte al día con las lecturas que te hayan quedado pendientes.

Tómate un momento para estudiar un pasaje o capítulo con el método de estudio bíblico que prefieras.

Identifica a una persona o situación en el texto y profundiza en su historia.

Tres veces en el año m
un festín. Mantendrá l
pan sin levadura. Com
comerás pan sin levad
siete días a la hora des
mes de Abib, porque e
Egipto. Ninguno apare
con las manos vacías.
fiesta de la cosecha, de
frutas de su trabajo, de
en el campo. Manteno
recopilación al final de
reúna del campo el fru
Tres veces en el año ar

SEMANA 4

Éxodo 22
a
Éxodo 40

Considera

1 ¿Qué revelan estos versículos sobre Dios y Su carácter?
2 ¿De qué manera Jesús está presente en estos capítulos? ¿Dónde identificas el evangelio?
3 ¿Cómo podrías aplicar estos versículos a tu vida?

DÍA 1 • *Lee* Éxodo 22–24

DÍA 2 • *Lee* Éxodo 25–27

Haz o escribe tu oración:

Considera

1. ¿Qué revelan estos versículos sobre Dios y Su carácter?
2. ¿De qué manera Jesús está presente en estos capítulos? ¿Dónde identificas el evangelio?
3. ¿Cómo podrías aplicar estos versículos a tu vida?

DÍA 3 • *Lee* Éxodo 28–30

DÍA 4 • *Lee* Éxodo 31–34

Haz o escribe tu oración:

Considera

1 ¿Qué revelan estos versículos sobre Dios y Su carácter?
2 ¿De qué manera Jesús está presente en estos capítulos? ¿Dónde identificas el evangelio?
3 ¿Cómo podrías aplicar estos versículos a tu vida?

DÍA 5 • *Lee* Éxodo 35–37

DÍA 6 • *Lee* Éxodo 38–40

Haz o escribe tu oración:

SEMANA 4
REFLEXIÓN

El pecado no puede estar en presencia de Dios

El libro de Éxodo tiene un final complejo. Por un lado, el tabernáculo está terminado y el pueblo de Dios disfruta de la manifestación de Su poder. Sin embargo, en una breve pero trascendental mención, leemos que Moisés no podía entrar en el tabernáculo. ¿Lo notaste en Éxodo 40:35? Moisés no podía estar en la presencia de la gloria y del poder de Dios. ¿Qué sucedió?

El pueblo había quebrantado el primero y el segundo de los Diez Mandamientos (ver Éx 32). Dios se enfureció y quiso exterminar a Su pueblo, pero Moisés, actuando como mediador entre los israelitas y Dios, apeló al Señor. Moisés le pidió que recordara Su pacto con Abraham y que considerara cómo interpretarían los egipcios sus acciones (Éx 32:11-13). El Señor escuchó las súplicas de Moisés y desistió. No obstante, el daño ya estaba hecho. Al final, ni siquiera Moisés pudo entrar en el tabernáculo en Éxodo 40, cuando la gloria de Dios lo llenó. A pesar de que Dios, finalmente, estaba abriendo un camino para que Su pueblo tuviera acceso a Su presencia, las leyes, el sacerdocio, los sacrificios, etc., eran un recordatorio constante de que un pueblo pecador no puede acercarse libremente a un Dios santo.

Ya conocemos el desenlace de la historia, cuando el velo será rasgado. Sin embargo, ¿no te emociona la anticipación? ¿No ves cómo cada libro se enlaza con el otro y cómo todo lo que ha sucedido hasta ahora está conectado? ¡Sigamos leyendo!

IDEAS PARA EL DÍA DE DESCANSO

Ponte al día con las lecturas que te hayan quedado pendientes.

Tómate un momento para estudiar un pasaje o capítulo con el método de estudio bíblico que prefieras.

Identifica a una persona o situación en el texto y profundiza en su historia.

SEMANA 5

Levítico 1
a
Levítico 24

Considera

1 ¿Qué revelan estos versículos sobre Dios y Su carácter?
2 ¿De qué manera Jesús está presente en estos capítulos? ¿Dónde identificas el evangelio?
3 ¿Cómo podrías aplicar estos versículos a tu vida?

DÍA 1 • *Lee* Levítico 1–5

PREGUNTA EXTRA: Cuando te encuentres con una ley, aunque parezca confusa, pregúntate: en esa época de la historia, ¿era una ley destinada a ayudar al pueblo de Israel a amar a Dios o a amar a los demás? Responder «No lo sé» es completamente válido. El objetivo es reflexionar sobre cómo encaja el amor de Dios en las palabras de Jesús: «Ama a Dios y ama a tu prójimo».

Haz o escribe tu oración:

Considera

1 ¿Qué revelan estos versículos sobre Dios y Su carácter?
2 ¿De qué manera Jesús está presente en estos capítulos? ¿Dónde identificas el evangelio?
3 ¿Cómo podrías aplicar estos versículos a tu vida?

DÍA 2 • *Lee* Levítico 6–9

PREGUNTA EXTRA: Cuando te encuentres con una ley, aunque parezca confusa, pregúntate: en esa época de la historia, ¿era una ley destinada a ayudar al pueblo de Israel a amar a Dios o a amar a los demás? Responder «No lo sé» es completamente válido. El objetivo es reflexionar sobre cómo encaja el amor de Dios en las palabras de Jesús: «Ama a Dios y ama a tu prójimo».

Haz o escribe tu oración:

Considera

1 ¿Qué revelan estos versículos sobre Dios y Su carácter?
2 ¿De qué manera Jesús está presente en estos capítulos? ¿Dónde identificas el evangelio?
3 ¿Cómo podrías aplicar estos versículos a tu vida?

DÍA 3 • *Lee* Levítico 10–13

PREGUNTA EXTRA: Cuando te encuentres con una ley, aunque parezca confusa, pregúntate: en esa época de la historia, ¿era una ley destinada a ayudar al pueblo de Israel a amar a Dios o a amar a los demás? Responder «No lo sé» es completamente válido. El objetivo es reflexionar sobre cómo encaja el amor de Dios en las palabras de Jesús: «Ama a Dios y ama a tu prójimo».

Haz o escribe tu oración:

Considera

1 ¿Qué revelan estos versículos sobre Dios y Su carácter?
2 ¿De qué manera Jesús está presente en estos capítulos? ¿Dónde identificas el evangelio?
3 ¿Cómo podrías aplicar estos versículos a tu vida?

DÍA 4 • *Lee* Levítico 14–16

PREGUNTA EXTRA: Cuando te encuentres con una ley, aunque parezca confusa, pregúntate: en esa época de la historia, ¿era una ley destinada a ayudar al pueblo de Israel a amar a Dios o a amar a los demás? Responder «No lo sé» es completamente válido. El objetivo es reflexionar sobre cómo encaja el amor de Dios en las palabras de Jesús: «Ama a Dios y ama a tu prójimo».

Haz o escribe tu oración:

Considera

1 ¿Qué revelan estos versículos sobre Dios y Su carácter?
2 ¿De qué manera Jesús está presente en estos capítulos? ¿Dónde identificas el evangelio?
3 ¿Cómo podrías aplicar estos versículos a tu vida?

DÍA 5 • *Lee* Levítico 17–20

PREGUNTA EXTRA: Cuando te encuentres con una ley, aunque parezca confusa, pregúntate: en esa época de la historia, ¿era una ley destinada a ayudar al pueblo de Israel a amar a Dios o a amar a los demás? Responder «No lo sé» es completamente válido. El objetivo es reflexionar sobre cómo encaja el amor de Dios en las palabras de Jesús: «Ama a Dios y ama a tu prójimo».

Haz o escribe tu oración:

Considera

1 ¿Qué revelan estos versículos sobre Dios y Su carácter?
2 ¿De qué manera Jesús está presente en estos capítulos? ¿Dónde identificas el evangelio?
3 ¿Cómo podrías aplicar estos versículos a tu vida?

DÍA 6 • *Lee* Levítico 21–24

PREGUNTA EXTRA: Cuando te encuentres con una ley, aunque parezca confusa, pregúntate: en esa época de la historia, ¿era una ley destinada a ayudar al pueblo de Israel a amar a Dios o a amar a los demás? Responder «No lo sé» es completamente válido. El objetivo es reflexionar sobre cómo encaja el amor de Dios en las palabras de Jesús: «Ama a Dios y ama a tu prójimo».

Haz o escribe tu oración:

SEMANA 5
REFLEXIÓN

La ley

Has llegado a Levítico y has leído los primeros veinticuatro capítulos. Seamos sinceros: nos alegra haberlos terminado. Seamos aún más sinceros: estamos agradecidos de no tener que cumplir con la mayoría de esas disposiciones. Sin embargo, el salmista canta: «¡Oh, cuánto amo yo tu ley!» (Sal 119:97 RVR1960). Entonces, ¿por qué nos cuesta tanto leer Levítico? ¿Qué nos estamos perdiendo?

La ley ayudó a los israelitas a comprender lo que debían hacer para estar en la presencia de Dios. Para ellos, fue un regalo. Mientras reflexionaba sobre Levítico, pensaba en la crianza de los hijos. Es cierto que mi analogía será imperfecta, porque yo no soy el Dios Santo, pero sígueme la idea.

Como madre amorosa, mi propósito es guiar a mis hijos, lo que implica establecer ciertas reglas y normas de conducta. Mis hijos saben que soy su madre, confían en mí (tanto como les es humanamente posible) y se someten a mis reglas. Ahora bien, ninguna de estas cosas los hace más o menos mis hijos. Su obediencia no los vuelve más míos ni menos míos, pero sí contribuye a mantener una relación sana. (Aquí es donde mi analogía se queda corta, porque no puedo imaginarme una relación rota por su desobediencia; aunque, por supuesto, es posible).

Levítico debe entenderse en su contexto, lo que nos permite apreciarlo mejor. La ley diferenciaba al pueblo de Israel de las demás naciones y de quienes adoraban dioses paganos. Además, revelaba la santidad de Dios y todo lo que se requería para estar en Su presencia. Y es entonces cuando decimos, una vez más, gracias a Dios, nuestro Señor y Salvador Jesucristo.

IDEAS PARA EL DÍA DE DESCANSO

Ponte al día con las lecturas que te hayan quedado pendientes.

Tómate un momento para estudiar un pasaje o capítulo con el método de estudio bíblico que prefieras.

Identifica a una persona o situación en el texto y profundiza en su historia.

SEMANA 6

Levítico 25 *a* Números 14

Considera

1 ¿Qué revelan estos versículos sobre Dios y Su carácter?
2 ¿De qué manera Jesús está presente en estos capítulos? ¿Dónde identificas el evangelio?
3 ¿Cómo podrías aplicar estos versículos a tu vida?

DÍA 1 • *Lee* Levítico 25–27

DÍA 2 • *Lee* Números 1–3

Haz o escribe tu oración:

Considera

1 ¿Qué revelan estos versículos sobre Dios y Su carácter?
2 ¿De qué manera Jesús está presente en estos capítulos? ¿Dónde identificas el evangelio?
3 ¿Cómo podrías aplicar estos versículos a tu vida?

DÍA 3 • *Lee* Números 4–6

DÍA 4 • *Lee* Números 7–8

Haz o escribe tu oración:

Considera

1 ¿Qué revelan estos versículos sobre Dios y Su carácter?
2 ¿De qué manera Jesús está presente en estos capítulos? ¿Dónde identificas el evangelio?
3 ¿Cómo podrías aplicar estos versículos a tu vida?

DÍA 5 • *Lee* Números 9–11

DÍA 6 • *Lee* Números 12–14

Haz o escribe tu oración:

SEMANA 6
REFLEXIÓN

¿Es Números algo más que números?

En hebreo, la palabra *Números* significa «en el desierto»[1] un detalle significativo, ya que es precisamente ahí donde nos encontramos al leer Números (1:1). Imaginemos que estamos sentados en el monte Sinaí, el lugar mencionado en Éxodo y donde inicia nuestro recorrido en Levítico. El contexto de Números me recuerda a Génesis 2. Sabemos que en Génesis 1 Dios creó a los seres humanos; en Génesis 2, obtenemos más detalles y llegamos a comprender la relación de Adán y Eva entre sí, con el mundo y con Dios. Entender el panorama completo nos ayuda cuando llegamos a Génesis 3. Del mismo modo, al leer el libro histórico de Números, adquirimos una comprensión más profunda de dos generaciones (de ahí el censo).

También quiero llamar tu atención sobre Números 6:22-27. Es probable que estés familiarizado con los versículos 24-26:

> El SEÑOR te bendiga y te guarde;
> el SEÑOR haga resplandecer su rostro sobre ti y te extienda su amor;
> el SEÑOR mueva su rostro hacia ti y te conceda la paz.

La bendición de Dios sobre Israel se ha repetido y cantado durante siglos. Sin embargo, pocas veces se reflexiona sobre su propósito y punto culminante. En el versículo 27, el Señor dice que Su nombre estará sobre Su pueblo. ¡Qué honor y privilegio tan significativos! Dios se preocupaba íntimamente por cada persona de cada tribu.

GÉNEROS BÍBLICOS

La Biblia está compuesta por distintos libros, cada uno perteneciente a un género bíblico. Como escribió la autora Kristie Anyabwile: «La Biblia debe entenderse según su género literario. Decimos "género literario" porque la Biblia es una obra inspirada que utiliza técnicas literarias convencionales para ayudarnos a comprenderla».[2]

PENTATEUCO	Génesis, Éxodo, Levítico, Números, Deuteronomio
NARRACIÓN HISTÓRICA DEL ANTIGUO TESTAMENTO	Josué, Jueces, Rut, 1 y 2 Samuel, 1 y 2 Reyes, 1 y 2 Crónicas, Esdras, Nehemías, Ester
PROFÉTICOS	Isaías, Jeremías, Ezequiel, Lamentaciones, Oseas, Joel, Amós, Abdías, Jonás, Miqueas, Nahúm, Habacuc, Sofonías, Hageo, Zacarías, Malaquías
APOCALÍPTICOS	Daniel, Apocalipsis
SAPIENCIALES	Job, Salmos, Proverbios, Eclesiastés, Cantares (muchos de los libros sapienciales son también poéticos)
EVANGELIOS	Mateo, Marcos, Lucas, Juan
HISTORIA DE LA IGLESIA	Hechos
EPÍSTOLAS PAULINAS	Romanos, 1 y 2 Corintios, Gálatas, Efesios, Filipenses, Colosenses, 1 y 2 Tesalonicenses, 1 y 2 Timoteo, Tito, Filemón.
EPÍSTOLAS GENERALES	Hebreos; Santiago; 1 y 2 Pedro; 1, 2 y 3 Juan; Judas

IDEAS PARA EL DÍA DE DESCANSO

Ponte al día con las lecturas que te hayan quedado pendientes.

Tómate un momento para estudiar un pasaje o capítulo con el método de estudio bíblico que prefieras.

Identifica a una persona o situación en el texto y profundiza en su historia.

Entonces toda la congre
un fuerte grito, y la gent
noche. Y toda la gente d
quejó contra Moisés y A
congregación les dijo: "¡
muerto en la Tierra de E
hubiéramos muerto en
¿Por qué el Señor nos es
a esta tierra, para caer p
Nuestras esposas y nues
se convertirán en una p
mejor para nosotros vol
Y se dijeron unos a otro
un líder y volvamos a Eg
Moisés y Aarón cayero

SEMANA 7

Números 15
a
Números 33

Considera

1 ¿Qué revelan estos versículos sobre Dios y Su carácter?
2 ¿De qué manera Jesús está presente en estos capítulos? ¿Dónde identificas el evangelio?
3 ¿Cómo podrías aplicar estos versículos a tu vida?

DÍA 1 • *Lee* Números 15–17

DÍA 2 • *Lee* Números 18–20

Haz o escribe tu oración:

Considera

1 ¿Qué revelan estos versículos sobre Dios y Su carácter?
2 ¿De qué manera Jesús está presente en estos capítulos? ¿Dónde identificas el evangelio?
3 ¿Cómo podrías aplicar estos versículos a tu vida?

DÍA 3 • *Lee* Números 21–23

DÍA 4 • *Lee* Números 24–26

Haz o escribe tu oración:

Considera

1 ¿Qué revelan estos versículos sobre Dios y Su carácter?
2 ¿De qué manera Jesús está presente en estos capítulos? ¿Dónde identificas el evangelio?
3 ¿Cómo podrías aplicar estos versículos a tu vida?

DÍA 5 • *Lee* Números 27–30

DÍA 6 • *Lee* Números 31–33

Haz o escribe tu oración:

SEMANA 7
REFLEXIÓN

Balán: una advertencia a los sabios

¿Cuándo fue la última vez que escuchaste una enseñanza sobre el profeta Balán? No recuerdo que nadie me haya enseñado sobre él ni de su astuta maldad, aunque desempeñó un papel clave en la desobediencia y falta de fe que a menudo mencionamos cuando pensamos en el Israel del Antiguo Testamento. En Números 22-24, el rey Balac y Dios dieron instrucciones opuestas a Balán. Balac le ordenó maldecir a Israel y le prometió una recompensa, mientras que Dios le ordenó no hacerlo, pues Israel ya había sido bendecido (Nm 22:10-12). Así que, aunque Balán no pertenecía al pueblo de Dios, obedeció Sus instrucciones y, cuando habló, proclamó verdades y profecías genuinas.

Al final del capítulo 24, todo parece marchar bien para los israelitas, pero pronto las cosas toman un giro negativo. En el capítulo 25, leemos que el pueblo de Israel adoró a un dios falso y cometió inmoralidad sexual, lo que provocó el justo castigo de Dios. Sin embargo, no es hasta el capítulo 31 cuando descubrimos que fue Balán quien aconsejó a las moabitas seducir a Israel (Nm 31:16).

La historia de Balán nos deja muchas lecciones. En un tiempo en el que puede ser difícil identificar a los falsos maestros, quizás haya dos advertencias clave para nosotros hoy. Como proclamó Judas: «¡Ay de los que siguieron el camino de Caín! Por ganar dinero se entregaron al error de Balán y perecieron en la rebelión de Coré» (Judas v. 11). Es difícil detectar a los falsos maestros codiciosos, pero podemos pedirle al Señor dos cosas: 1) sabiduría y discernimiento al escuchar a otros, y 2) protección contra la tentación y fortaleza para resistir la seducción del pecado.

IDEAS PARA EL DÍA DE DESCANSO

Ponte al día con las lecturas que te hayan quedado pendientes.

Tómate un momento para estudiar un pasaje o capítulo con el método de estudio bíblico que prefieras.

Identifica a una persona o situación en el texto y profundiza en su historia.

ESCUCHA, ISRAEL:
EL SEÑOR NUESTRO
DIOS ES EL ÚNICO
SEÑOR. AMA AL SEÑOR
TU DIOS CON TODO
TU CORAZÓN, CON
TODA TU ALMA
Y CON TODAS
TUS FUERZAS.

SEMANA 8

Números 34
a
Deuteronomio 19

Considera

1 ¿Qué revelan estos versículos sobre Dios y Su carácter?
2 ¿De qué manera Jesús está presente en estos capítulos? ¿Dónde identificas el evangelio?
3 ¿Cómo podrías aplicar estos versículos a tu vida?

DÍA 1 • *Lee* Números 34–36

DÍA 2 • *Lee* Deuteronomio 1–3

Haz o escribe tu oración:

Considera

1 ¿Qué revelan estos versículos sobre Dios y Su carácter?
2 ¿De qué manera Jesús está presente en estos capítulos? ¿Dónde identificas el evangelio?
3 ¿Cómo podrías aplicar estos versículos a tu vida?

DÍA 3 • *Lee* Deuteronomio 4–6

DÍA 4 • *Lee* Deuteronomio 7–10

Haz o escribe tu oración:

Considera

1 ¿Qué revelan estos versículos sobre Dios y Su carácter?
2 ¿De qué manera Jesús está presente en estos capítulos? ¿Dónde identificas el evangelio?
3 ¿Cómo podrías aplicar estos versículos a tu vida?

DÍA 5 • *Lee* Deuteronomio 11–14

DÍA 6 • *Lee* Deuteronomio 15–19

Haz o escribe tu oración:

SEMANA 8
REFLEXIÓN

Su ley es nuestra ley

Al comienzo de Deuteronomio, Moisés advierte a la nueva generación del pueblo de Dios que obedezca la ley. El capítulo 6 es, sin duda, uno de los más significativos de todo el libro, pues contiene la palabra clave «escucha» (*shema*),[1] que nos resulta bastante familiar:

> Escucha, Israel: El Señor nuestro Dios es el único Señor. Ama al Señor tu Dios con todo tu corazón, con toda tu alma y con todas tus fuerzas. (Dt 6:4-5)

El Shemá era una oración diaria en el antiguo Israel.[2] Su importancia radica en que no se trata solo de oír, sino de actuar. En otras palabras, el pueblo debía obedecer la ley, grabarla en su corazón, meditar en ella y enseñarla a las generaciones futuras (vv. 6-9). Para nosotros, los cristianos de hoy, el mandato sigue siendo el mismo.

Jesús lo reafirma:

> —El más importante es: «Escucha, Israel: El Señor nuestro Dios es el único Señor. Ama al Señor tu Dios con todo tu corazón, con toda tu alma, con toda tu mente y con todas tus fuerzas». El segundo es: «Ama a tu prójimo como a ti mismo». No hay otro mandamiento más importante que estos. (Marcos 12:29-31)

Toda la ley se resume en estos mandamientos. No podemos obedecerlos a la perfección, pero gracias a Dios por Su Hijo, que nos perdona en nuestra obediencia imperfecta, y por el Espíritu Santo, que nos capacita para obedecerle.

IDEAS PARA EL DÍA DE DESCANSO

Ponte al día con las lecturas que te hayan quedado pendientes.

Tómate un momento para estudiar un pasaje o capítulo con el método de estudio bíblico que prefieras.

Identifica a una persona o situación en el texto y profundiza en su historia.

SEMANA 9

Deuteronomio 20
a
Josué 8

Considera

1 ¿Qué revelan estos versículos sobre Dios y Su carácter?
2 ¿De qué manera Jesús está presente en estos capítulos? ¿Dónde identificas el evangelio?
3 ¿Cómo podrías aplicar estos versículos a tu vida?

DÍA 1 • *Lee* Deuteronomio 20–24

DÍA 2 • *Lee* Deuteronomio 25–28

Haz o escribe tu oración:

Considera

1 ¿Qué revelan estos versículos sobre Dios y Su carácter?
2 ¿De qué manera Jesús está presente en estos capítulos? ¿Dónde identificas el evangelio?
3 ¿Cómo podrías aplicar estos versículos a tu vida?

DÍA 3 • *Lee* Deuteronomio 29–31

DÍA 4 • *Lee* Deuteronomio 32–34

Haz o escribe tu oración:

Considera

1 ¿Qué revelan estos versículos sobre Dios y Su carácter?
2 ¿De qué manera Jesús está presente en estos capítulos? ¿Dónde identificas el evangelio?
3 ¿Cómo podrías aplicar estos versículos a tu vida?

DÍA 5 • *Lee* Josué 1–4

DÍA 6 • *Lee* Josué 5–8

Haz o escribe tu oración:

SEMANA 9
REFLEXIÓN

El conocimiento de Dios vs. conocer a Dios

Hasta ahora, Abraham y Moisés han sido los principales líderes en la historia de la Biblia. Sin embargo, tras la muerte de Moisés, el pueblo de Dios necesitaba un nuevo líder que los llevara a la tierra prometida. Ese líder fue Josué. Asimismo, en Su bondad hacia nosotros, Dios también nos contó la historia de Rahab, una gentil y prostituta. En mi estudio bíblico, *A Great Cloud of Witnesses* [Una gran nube de testigos], dedico una semana a reflexionar sobre la vida de Rahab en el libro de Josué. A la luz de nuestra lectura bíblica y, si el Señor lo permite, del conocimiento que he adquirido, comparto un extracto de mi estudio.

J. I. Packer escribió en *Conocer a Dios* que «se puede conocer mucho sobre Dios sin conocer mucho a Dios».[1] Rahab sabía mucho sobre Dios y la historia de Israel. Veamos Josué 2:9-11:

> —Yo sé que el SEÑOR les ha dado esta tierra y por eso un gran terror ante ustedes ha caído sobre nosotros; todos los habitantes del país han perdido el ánimo a causa de ustedes. Tenemos noticias de cómo el SEÑOR secó las aguas del mar Rojo para que ustedes pasaran, después de haber salido de Egipto. También hemos oído cómo destruyeron completamente a los reyes amorreos, Sijón y Og, al este del Jordán. Por eso estamos todos tan amedrentados y descorazonados frente a ustedes. Yo sé que el SEÑOR su Dios es Dios arriba en el cielo y abajo en la tierra.

Es sorprendente cuánto sabía Rahab, considerando su origen y circunstancias. Había escuchado y prestado atención; pero más que eso, creyó y confió en Dios. Rahab sabía más sobre Dios y Su grandeza de lo que los espías podrían haber imaginado. Su conocimiento la llevó a la adoración y al temor del Señor.

J. I. Packer advierte que «si buscamos el conocimiento teológico por lo que es en sí mismo, terminará por resultarnos contraproducente. Nos hará orgullosos y engreídos».[2]

No sabemos con certeza cuándo llegó Rahab a la fe, pero no solo comprendió el pacto de Dios con Abraham y el destino de Jericó, sino que también proclamó la grandeza de Dios. Sin embargo, cualquiera podría decir estas cosas; incluso los demonios creen en Dios y tiemblan (Santiago 2:19). Lo que marcó la diferencia en Rahab fue que su conocimiento la llevó a actuar con fe. Su conocimiento de Dios la impulsó a obrar con valentía, a ayudar a los espías y a suplicar por la salvación de su familia (Jos 2:12-14).[3]

IDEAS PARA EL DÍA DE DESCANSO

Ponte al día con las lecturas que te hayan quedado pendientes.

Tómate un momento para estudiar un pasaje o capítulo con el método de estudio bíblico que prefieras.

Identifica a una persona o situación en el texto y profundiza en su historia.

SEMANA 10

Josué 9
a
Jueces 6

Considera

1 ¿Qué revelan estos versículos sobre Dios y Su carácter?
2 ¿De qué manera Jesús está presente en estos capítulos? ¿Dónde identificas el evangelio?
3 ¿Cómo podrías aplicar estos versículos a tu vida?

DÍA 1 • *Lee* Josué 9–12

DÍA 2 • *Lee* Josué 13–17

Haz o escribe tu oración:

Considera

1 ¿Qué revelan estos versículos sobre Dios y Su carácter?
2 ¿De qué manera Jesús está presente en estos capítulos? ¿Dónde identificas el evangelio?
3 ¿Cómo podrías aplicar estos versículos a tu vida?

DÍA 3 • *Lee* Josué 18–21

DÍA 4 • *Lee* Josué 22–24

Haz o escribe tu oración:

Considera

1 ¿Qué revelan estos versículos sobre Dios y Su carácter?
2 ¿De qué manera Jesús está presente en estos capítulos? ¿Dónde identificas el evangelio?
3 ¿Cómo podrías aplicar estos versículos a tu vida?

DÍA 5 • *Lee* Jueces 1–3

DÍA 6 • *Lee* Jueces 4–6

Haz o escribe tu oración:

SEMANA 10
REFLEXIÓN

Sus caminos son mejores

Los caminos de Dios no son mis caminos. Sus caminos son siempre buenos. Sus caminos son mejores. Sus caminos son puros. Estas son algunas verdades que debo recordarme mientras termino de leer Josué. Los cananeos eran perversos y su castigo fue justo. Sin embargo, no creo que el Señor me llame a comprenderlo todo. Más bien, al leer Josué, creo que el Señor nos llama a confiar en Él. El mensaje al final de Josué es un llamado a Israel a temer al Señor y decidir a quién servirán. Dios ha sido fiel. Él ha cumplido Sus promesas. Ahora bien, ¿qué harán al respecto? (Jos 24:14-18).

De la misma manera, conociendo el carácter y la fidelidad de Dios en nuestras propias vidas, ¿qué haremos al respecto? Aprendamos a confiar en Él, incluso cuando no lo entendamos todo, y a temerle.

IDEAS PARA EL DÍA DE DESCANSO

Ponte al día con las lecturas que te hayan quedado pendientes.

Tómate un momento para estudiar un pasaje o capítulo con el método de estudio bíblico que prefieras.

Identifica a una persona o situación en el texto y profundiza en su historia.

Una mirada rápida a la historia del Antiguo Testamento

Aunque nuestra reflexión de la semana 10 está en Josué, nuestra lectura se encuentra justo al principio de Jueces. A medida que continuamos nuestro viaje a través de la historia de Israel, aquí tenemos un esquema sencillo de dónde hemos estado y hacia dónde vamos.[1]

Creación

Patriarcas

Moisés y el éxodo

Conquista

Jueces

Reino unido

Reino dividido

Exilio

Regreso

«Silencio»[2]

SEMANA 11

Jueces 7 *a* Rut 4

Considera

1 ¿Qué revelan estos versículos sobre Dios y Su carácter?
2 ¿De qué manera Jesús está presente en estos capítulos? ¿Dónde identificas el evangelio?
3 ¿Cómo podrías aplicar estos versículos a tu vida?

DÍA 1 • *Lee* Jueces 7–9

DÍA 2 • *Lee* Jueces 10–13

Haz o escribe tu oración:

Considera

1 ¿Qué revelan estos versículos sobre Dios y Su carácter?
2 ¿De qué manera Jesús está presente en estos capítulos? ¿Dónde identificas el evangelio?
3 ¿Cómo podrías aplicar estos versículos a tu vida?

DÍA 3 • *Lee* Jueces 14–16

DÍA 4 • *Lee* Jueces 17–19

Haz o escribe tu oración:

Considera

1 ¿Qué revelan estos versículos sobre Dios y Su carácter?
2 ¿De qué manera Jesús está presente en estos capítulos? ¿Dónde identificas el evangelio?
3 ¿Cómo podrías aplicar estos versículos a tu vida?

DÍA 5 • *Lee* Jueces 20–21

DÍA 6 • *Lee* Rut 1–4

Haz o escribe tu oración:

SEMANA 11
REFLEXIÓN

Un héroe inesperado

Israel había tomado su propio camino y ya no seguía los mandatos del Señor. Aunque Dios seguía proveyendo, el pueblo se apartaba continuamente. El Señor levantó jueces para guiarlos, pero ellos no escucharon a estos líderes (Jue 2:16-19). En medio de las dolorosas historias de desobediencia y apostasía se encuentra la de la profetisa y jueza Débora. La conociste en nuestra lectura de la semana 10, y su vida y práctica contrastan fuertemente con las de otros líderes de Israel, como Jefté, Sansón y el Levita. El libro termina de manera horrible, pero Débora es un rayo de luz que vale la pena destacar.

Débora sobresalió entre los jueces. Además de lo obvio —era una mujer— también habría destacado por su piedad. Temía al Señor. Barac, otro juez, la respetaba tanto que se negó a ir a la batalla a menos que ella lo acompañara (Jue 4:6-8). También observa que él fue a la batalla después de que ella le recordara el mandato del Señor e insistiera en que lo cumpliera. Débora no se atribuye el mérito, sino que entona un canto de alabanza al Señor (capítulo 5).

Débora es un ejemplo de fortaleza, determinación, sabiduría, obediencia y humildad. No es de extrañar que muchos la mencionen como una líder a la que emular.

IDEAS PARA EL DÍA DE DESCANSO

Ponte al día con las lecturas que te hayan quedado pendientes.

Tómate un momento para estudiar un pasaje o capítulo con el método de estudio bíblico que prefieras.

Identifica a una persona o situación en el texto y profundiza en su historia.

Había un cierto hombr
Zofim del país montaño
cuyo nombre era Elcan
Jeroham, hijo de Eliú, h
hijo de Zuf, un efrateo.
esposas. El nombre de u
y el nombre del otro, Pe
Penina tuvo hijos, pero
tuvo hijos. Ahora este h
subir año tras año desd
adorar y sacrificarse al S
anfitriones en Siloh, do
hijos de Eli, Hofní y Fin
sacerdotes del Señor. En
Elcaná se sacrificaba, lo

SEMANA 12

1 Samuel 1
a
1 Samuel 20

Considera

1. ¿Qué revelan estos versículos sobre Dios y Su carácter?
2. ¿De qué manera Jesús está presente en estos capítulos? ¿Dónde identificas el evangelio?
3. ¿Cómo podrías aplicar estos versículos a tu vida?

DÍA 1 • *Lee* 1 Samuel 1–3

DÍA 2 • *Lee* 1 Samuel 4–8

Haz o escribe tu oración:

Considera

1. ¿Qué revelan estos versículos sobre Dios y Su carácter?
2. ¿De qué manera Jesús está presente en estos capítulos? ¿Dónde identificas el evangelio?
3. ¿Cómo podrías aplicar estos versículos a tu vida?

DÍA 3 • *Lee* 1 Samuel 9–11

DÍA 4 • *Lee* 1 Samuel 12–14

Haz o escribe tu oración:

Considera

1 ¿Qué revelan estos versículos sobre Dios y Su carácter?
2 ¿De qué manera Jesús está presente en estos capítulos? ¿Dónde identificas el evangelio?
3 ¿Cómo podrías aplicar estos versículos a tu vida?

DÍA 5 • *Lee* 1 Samuel 15–17

DÍA 6 • *Lee* 1 Samuel 18–20

Haz o escribe tu oración:

SEMANA 12
REFLEXIÓN

Vengan a Él todos los que están cansados

Ya hemos pasado el primer capítulo de Samuel, pero no puedo evitar volver al comienzo. Ana, esposa de Elcana, era estéril. Para su desgracia, Elcana tenía otra esposa, Penina, quien hacía su vida miserable. Ana sufría tanto que, en ocasiones, ni siquiera podía comer. Su mayor anhelo era tener un hijo. Conocemos el final de la historia: Ana da a luz a Samuel, quien se convierte en juez y sacerdote, y más tarde unge a David como rey de Israel. Es una historia impresionante que muestra la asombrosa providencia de Dios.

Sin embargo, lo que más me impacta es la humildad de Ana. No ocultó su angustia ni al Señor ni a quienes la rodeaban. Clamó a Él. Le suplicó. Habló desde su ansiedad y su aflicción (1 S 1:16). Cuando acudimos al Señor, no sabemos cómo responderá a nuestras oraciones, pero si algo podemos aprender de Ana, es que podemos acercarnos a Él con nuestro dolor, confusión, tristeza, ansiedad y angustia. No necesitamos presentarnos con una fortaleza fingida. Podemos acudir al Señor tal como somos, y creo que saldremos de Su presencia siendo más como Él.

IDEAS PARA EL DÍA DE DESCANSO

Ponte al día con las lecturas que te hayan quedado pendientes.

Tómate un momento para estudiar un pasaje o capítulo con el método de estudio bíblico que prefieras.

Identifica a una persona o situación en el texto y profundiza en su historia.

SEMANA 13

1 Samuel 21
a
2 Samuel 11

Considera

1 ¿Qué revelan estos versículos sobre Dios y Su carácter?
2 ¿De qué manera Jesús está presente en estos capítulos? ¿Dónde identificas el evangelio?
3 ¿Cómo podrías aplicar estos versículos a tu vida?

DÍA 1 • *Lee* 1 Samuel 21–23

DÍA 2 • *Lee* 1 Samuel 24–26

Haz o escribe tu oración:

Considera

1. ¿Qué revelan estos versículos sobre Dios y Su carácter?
2. ¿De qué manera Jesús está presente en estos capítulos? ¿Dónde identificas el evangelio?
3. ¿Cómo podrías aplicar estos versículos a tu vida?

DÍA 3 • *Lee* 1 Samuel 27–31

DÍA 4 • *Lee* 2 Samuel 1–3

Haz o escribe tu oración:

Considera

1 ¿Qué revelan estos versículos sobre Dios y Su carácter?
2 ¿De qué manera Jesús está presente en estos capítulos? ¿Dónde identificas el evangelio?
3 ¿Cómo podrías aplicar estos versículos a tu vida?

DÍA 5 • *Lee* 2 Samuel 4–7

DÍA 6 • *Lee* 2 Samuel 8–11

Haz o escribe tu oración:

SEMANA 13
REFLEXIÓN

Un pacto con David

Volvamos a dos versículos clave de la lectura del día 5:

> Cuando tu vida llegue a su fin y vayas a descansar entre tus antepasados, yo pondré en el trono a uno de tus propios descendientes y afirmaré su reino. Será él quien construya una casa en honor de mi Nombre y yo afirmaré el trono de su reino para siempre. (2 Samuel 7:12-13)

David deseaba construir una casa para el Señor, pero Dios tenía un plan aún mayor. Sus caminos siempre son mejores. Aunque este pacto se estableció con David, la promesa trasciende a todas las naciones. Dios le aseguró a David que, tras su muerte, levantaría a un descendiente de su linaje para edificar Su casa y establecer Su trono para siempre. Aquel que establecería el trono de Dios *para siempre* es, por supuesto, Jesús. Sin embargo, Salomón, el hijo de David, fue quien lo sucedió tras su muerte. No obstante, el versículo 14 nos da una pista de que Dios se refería a alguien más allá de Salomón cuando hablaba de un reino eterno. Dios declara: «Así que, cuando haga lo malo...». Salomón tuvo un reino, pero no uno que perdurara para siempre. Además, cayó en pecado y se descalificó a sí mismo, por lo que no pudo haber sido el cumplimiento definitivo de esta promesa (1 Reyes 11:1-2). Solo el Mesías podía cumplirla.

Dios nunca rompe Sus promesas. Él es fiel a Su pacto. Nadie más podía llevar a cabo esta promesa, excepto Su propio Hijo.

> Él será un gran hombre y lo llamarán Hijo del Altísimo. Dios el Señor le dará el trono de su padre David y reinará sobre el pueblo de Jacob para siempre. Su reinado no tendrá fin. (Lucas 1:32-33)

Y también:

> Al que no cometió pecado alguno, por nosotros Dios lo trató como pecador, para que en él recibiéramos la justicia de Dios. (2 Co 5:21)

¡DISFRUTA DE TU DÍA DE DESCANSO!

Y el Señor envió a Natá
Llegó a él y le dijo: “Hab
en una determinada ciu
y el otro pobre. El homb
muchas bandadas y reb
pobre hombre no tenía
pequeño cordero, que h
Y él lo mencionó, y crec
sus hijos. Solía comer de
bebida de su copa y yací
y estaba como una hija d
a él. No estaba dispuesto
de su propio rebaño o re
prepararse para el invita
venido a él, pero tomó e

SEMANA 14

2 Samuel 12
a
1 Reyes 2

Considera

1 ¿Qué revelan estos versículos sobre Dios y Su carácter?
2 ¿De qué manera Jesús está presente en estos capítulos? ¿Dónde identificas el evangelio?
3 ¿Cómo podrías aplicar estos versículos a tu vida?

DÍA 1 • *Lee* 2 Samuel 12–14

DÍA 2 • *Lee* 2 Samuel 15–17

Haz o escribe tu oración:

Considera

1 ¿Qué revelan estos versículos sobre Dios y Su carácter?

2 ¿De qué manera Jesús está presente en estos capítulos? ¿Dónde identificas el evangelio?

3 ¿Cómo podrías aplicar estos versículos a tu vida?

DÍA 3 • *Lee* 2 Samuel 18–19

DÍA 4 • *Lee* 2 Samuel 20–22

Haz o escribe tu oración:

Considera

1 ¿Qué revelan estos versículos sobre Dios y Su carácter?
2 ¿De qué manera Jesús está presente en estos capítulos? ¿Dónde identificas el evangelio?
3 ¿Cómo podrías aplicar estos versículos a tu vida?

DÍA 5 • *Lee* 2 Samuel 23–24

DÍA 6 • *Lee* 1 Reyes 1–2

Haz o escribe tu oración:

SEMANA 14
REFLEXIÓN

Perfectamente justo y grande en misericordia

No repetiré el pecado del rey David; sabemos lo que sucedió y sabemos que todo fue malo. Nunca debemos restarle importancia a su abuso de poder ni actuar como si no hubiera sido tan terrible como realmente fue. Cuando leo la Biblia, observo a la Iglesia moderna e incluso pienso en mis propios defectos, veo claramente que no hay héroes. Solo Dios es el héroe en la Biblia y de nuestra vida. Es una lección difícil de digerir. A todos nos gusta una buena historia. El pecado de David ha sido minimizado en una bonita narración para niños sobre un hombre conforme al corazón de Dios que cometió algunas malas acciones, y que, aun así, sigue siendo el héroe. Solo que esa no es la forma en que la Biblia relata su historia.

No obstante, es cierto que solo Dios sería tan misericordioso con un pecador tan terrible. Probablemente, yo le recordaría el pecado de David una y otra vez. Sin duda, no permitiría que su linaje condujera al Salvador del mundo. El pecado de David no quedó impune; su vida y la de su familia fueron devastadas y muchos se levantaron contra él. En resumen, su pecado tuvo consecuencias. Sin embargo, sus pecados fueron perdonados. ¿No nos alegramos de que Dios sea el héroe de la historia? ¿No nos alegramos de que Dios no sea como nosotros? Dios es perfectamente justo y grande en misericordia.

Muchos, al leer la historia de David, se preocupan de que el Señor pase por alto el abuso. Un Dios justo nunca podría hacer la vista gorda ante la injusticia. Cada persona rendirá cuentas por lo que ha hecho (Ro 14:12). Aunque nuestros pastores nos fallen, el buen Pastor nunca lo hará (Juan 10).

IDEAS PARA EL DÍA DE DESCANSO

Ponte al día con las lecturas que te hayan quedado pendientes.

Tómate un momento para estudiar un pasaje o capítulo con el método de estudio bíblico que prefieras.

Identifica a una persona o situación en el texto y profundiza en su historia.

SEMANA 15

1 Reyes 3
a
1 Reyes 20

Considera

1 ¿Qué revelan estos versículos sobre Dios y Su carácter?
2 ¿De qué manera Jesús está presente en estos capítulos? ¿Dónde identificas el evangelio?
3 ¿Cómo podrías aplicar estos versículos a tu vida?

DÍA 1 • *Lee* 1 Reyes 3–6

DÍA 2 • *Lee* 1 Reyes 7–8

Haz o escribe tu oración:

Considera

1 ¿Qué revelan estos versículos sobre Dios y Su carácter?
2 ¿De qué manera Jesús está presente en estos capítulos? ¿Dónde identificas el evangelio?
3 ¿Cómo podrías aplicar estos versículos a tu vida?

DÍA 3 • *Lee* 1 Reyes 9–11

DÍA 4 • *Lee* 1 Reyes 12–14

Haz o escribe tu oración:

Considera

1 ¿Qué revelan estos versículos sobre Dios y Su carácter?
2 ¿De qué manera Jesús está presente en estos capítulos? ¿Dónde identificas el evangelio?
3 ¿Cómo podrías aplicar estos versículos a tu vida?

DÍA 5 • *Lee* 1 Reyes 15–17

DÍA 6 • *Lee* 1 Reyes 18–20

Haz o escribe tu oración:

SEMANA 15
REFLEXIÓN

La sabiduría de Salomón y la misericordia de Dios

Salomón es conocido por su sabiduría, pero lo que resulta sorprendente es el medio a través del cual Dios decidió mostrarla y declararla a Israel. Si recuerdas, en 1 Reyes 3:16-28, dos prostitutas se presentaron ante el rey porque una de ellas había robado el bebé recién nacido de la otra. Las mujeres vivían juntas y habían tenido sus bebés al mismo tiempo. Lamentablemente, uno de los pequeños murió durante la noche. La progenitora cuyo bebé falleció cambió a los niños en medio de la noche y fingió ser la madre del otro bebé. Debido a la ley y a la falta de testigos, ambas mujeres llevaron su caso ante Salomón (Dt 19:15).

Aunque se trata de historias y situaciones muy diferentes, no pude evitar pensar en la historia de otra prostituta, Rahab, y en la dignidad y el respeto que los dos espías mostraron hacia ella (Jos 2:8-14). ¿Era necesario que Salomón aceptara su caso? ¿Podría haberlas tratado mal en lugar de considerarlas? Mientras me maravillaba con esta historia, recordé un comentario que leí sobre estos versículos:

> Como en la mayoría de las ciudades del mundo, en las ciudades y pueblos africanos hay prostitutas. Tendemos a dejarlas a merced de quienes las utilizan para satisfacer sus perversos deseos sexuales y de la policía, que las detiene de vez en cuando. Sin embargo, en el plan de Dios, son tan importantes como cualquier otro ciudadano.[1]

El texto pretende resaltar la sabiduría de Salomón, pero yo veo la misericordia de Dios. Una y otra vez, Él otorga dignidad a quienes nosotros rechazaríamos. Siendo prostitutas, es posible que esta historia ni siquiera hubiera sido noticia en nuestros días. Sin embargo, Dios usa su caso para establecer la sabiduría de Salomón y hacer justicia a una prostituta y su bebé. Sublime gracia.

IDEAS PARA EL DÍA DE DESCANSO

Ponte al día con las lecturas que te hayan quedado pendientes.

Tómate un momento para estudiar un pasaje o capítulo con el método de estudio bíblico que prefieras.

Identifica a una persona o situación en el texto y profundiza en su historia.

Ahora Nabot, la yezreel
viñedo en Jezreel, al lad
rey de Ajab de Samaria.
esto, Ajab le dijo a Nabo
viñedo, para que pueda
huerto, porque está cerc
te daré un mejor viñedo
parece bueno, te daré su
dinero". Pero Nabot le di
Señor prohíbe que te dé
de mis padres". Y Ajab e
molesta y hosca debido
la yzreelita le había dich
había dicho: "No te daré
mis padres". Y se tumbó

SEMANA 16

1 Reyes 21
a
2 Reyes 15

Considera

1 ¿Qué revelan estos versículos sobre Dios y Su carácter?
2 ¿De qué manera Jesús está presente en estos capítulos? ¿Dónde identificas el evangelio?
3 ¿Cómo podrías aplicar estos versículos a tu vida?

DÍA 1 • *Lee* 1 Reyes 21–22

DÍA 2 • *Lee* 2 Reyes 1–3

Haz o escribe tu oración:

Considera

1 ¿Qué revelan estos versículos sobre Dios y Su carácter?
2 ¿De qué manera Jesús está presente en estos capítulos? ¿Dónde identificas el evangelio?
3 ¿Cómo podrías aplicar estos versículos a tu vida?

DÍA 3 • *Lee* 2 Reyes 4–6

DÍA 4 • *Lee* 2 Reyes 7–9

Haz o escribe tu oración:

Considera

1 ¿Qué revelan estos versículos sobre Dios y Su carácter?
2 ¿De qué manera Jesús está presente en estos capítulos? ¿Dónde identificas el evangelio?
3 ¿Cómo podrías aplicar estos versículos a tu vida?

DÍA 5 • *Lee* 2 Reyes 10–12

DÍA 6 • *Lee* 2 Reyes 13–15

Haz o escribe tu oración:

SEMANA 16
REFLEXIÓN

Lecciones del arrepentimiento de Acab

La historia de Israel va de mal en peor hasta volverse francamente desalentadora. Los reyes son malvados, el pueblo adora a los ídolos y, aunque aún no hemos llegado a ese punto, pronto Israel será derrotado por Babilonia y exiliado. ¿Qué podemos aprender de un libro tan catastrofista? ¡Mucho! Por ejemplo, ¿puedes creer que Acab se arrepintió? La maldad de Acab no tenía límites. Su desafortunado elogio fúnebre podría haberse resumido así: «Nunca hubo nadie como Acab que, animado por Jezabel su esposa, se prestara para hacer lo malo ante los ojos del Señor» (1 Reyes 21:25).

Era un hombre malvado y, sin embargo, se arrepintió (v. 27). Cuatro cosas me vienen a la mente al leer este episodio de 1 Reyes: 1) Nadie está tan lejos ni fuera del alcance de Dios. 2) Dios es misericordioso; perdona a todos los que se arrepienten. 3) El pecado tiene consecuencias. Los descendientes de Acab sufrieron el castigo profetizado por Elías (2 Reyes 10) y, finalmente, Acab murió en batalla (1 Reyes 22:34-35). 4) Dios es un Dios justo.

Dios siempre tiene algo que decir en Su Palabra.

IDEAS PARA EL DÍA DE DESCANSO

Ponte al día con las lecturas que te hayan quedado pendientes.

Tómate un momento para estudiar un pasaje o capítulo con el método de estudio bíblico que prefieras.

Identifica a una persona o situación en el texto y profundiza en su historia.

En el decimoséptimo añ
hijo de Remalías, Ajaz, h
rey de Judá, comenzó a
tenía veinte años cuand
a reinar, y reinó diecisé
Jerusalén. Y no hizo lo c
a los ojos del Señor su D
hecho su Padre David, p
el camino de los Reyes d
quemó a su hijo como u
acuerdo con las práctica
de las naciones a quiene
expulsó ante el pueblo d
El sacrificó e hizo ofrend
altos y en las colinas y d

SEMANA 17

2 Reyes 16
a
1 Crónicas 9

Considera

1 ¿Qué revelan estos versículos sobre Dios y Su carácter?
2 ¿De qué manera Jesús está presente en estos capítulos? ¿Dónde identificas el evangelio?
3 ¿Cómo podrías aplicar estos versículos a tu vida?

DÍA 1 • *Lee* 2 Reyes 16–18

DÍA 2 • *Lee* 2 Reyes 19–21

Haz o escribe tu oración:

Considera

1 ¿Qué revelan estos versículos sobre Dios y Su carácter?
2 ¿De qué manera Jesús está presente en estos capítulos? ¿Dónde identificas el evangelio?
3 ¿Cómo podrías aplicar estos versículos a tu vida?

DÍA 3 • *Lee* 2 Reyes 22–23

DÍA 4 • *Lee* 2 Reyes 24–25

Haz o escribe tu oración:

Considera

1 ¿Qué revelan estos versículos sobre Dios y Su carácter?
2 ¿De qué manera Jesús está presente en estos capítulos? ¿Dónde identificas el evangelio?
3 ¿Cómo podrías aplicar estos versículos a tu vida?

DÍA 5 • *Lee* 1 Crónicas 1–5

DÍA 6 • *Lee* 1 Crónicas 6–9

Haz o escribe tu oración:

Estudiemos 2 Reyes 22

Para romper con la densidad de nuestra lectura de esta semana, hagamos una pausa y estudiemos. Si necesitas ponerte al día con la lectura, puedes saltarte esta reflexión y seguir leyendo. Toma una hoja de papel o escribe en el espacio destinado para tu día de descanso.

Ve a 2 Reyes 22. Utilizando un método básico de estudio bíblico, vas a:

1. Leer el capítulo.
2. Observar: hazte preguntas como quién, qué, cuándo, dónde, por qué y cómo. Escribe tus respuestas.
3. Interpretar: ¿qué significa el texto? ¿Cuál es el contexto? ¿Cómo se relaciona con el resto de la Escritura? Escribe tus respuestas.
4. Poner en práctica: ¿hay un contexto para mí hoy? Escribe tu respuesta y ora pidiendo la ayuda del Señor para aplicar lo que has aprendido.
5. Asegurarte siempre de preguntar: ¿qué dice el texto sobre el carácter de Dios y cómo apunta a Jesús? Escribe tu respuesta.

Así como el reino de Josías fue transformado por el descubrimiento del libro de la ley (2 Reyes 22), oro para que tú experimentes gozo y transformación en tus descubrimientos en la Palabra de Dios.

Espero que hayas disfrutado de este breve descanso para estudiar. Siéntete libre de utilizar este método cada vez que desees profundizar un poco más durante tu tiempo de lectura.

IDEAS PARA EL DÍA DE DESCANSO

Ponte al día con las lecturas que te hayan quedado pendientes.

Tómate un momento para estudiar un pasaje o capítulo con el método de estudio bíblico que prefieras.

Identifica a una persona o situación en el texto y profundiza en su historia.

Idea adicional: Trabaja en la reflexión de tu estudio bíblico de la semana 17 sobre 2 Reyes 22.

SEMANA 18

1 Crónicas 10
a
2 Crónicas 5

Considera

1 ¿Qué revelan estos versículos sobre Dios y Su carácter?
2 ¿De qué manera Jesús está presente en estos capítulos? ¿Dónde identificas el evangelio?
3 ¿Cómo podrías aplicar estos versículos a tu vida?

DÍA 1 • *Lee* 1 Crónicas 10–14

DÍA 2 • *Lee* 1 Crónicas 15–17

Haz o escribe tu oración:

Considera

1. ¿Qué revelan estos versículos sobre Dios y Su carácter?
2. ¿De qué manera Jesús está presente en estos capítulos? ¿Dónde identificas el evangelio?
3. ¿Cómo podrías aplicar estos versículos a tu vida?

DÍA 3 • *Lee* 1 Crónicas 18–22

DÍA 4 • *Lee* 1 Crónicas 23–26

Haz o escribe tu oración:

Considera

1 ¿Qué revelan estos versículos sobre Dios y Su carácter?
2 ¿De qué manera Jesús está presente en estos capítulos? ¿Dónde identificas el evangelio?
3 ¿Cómo podrías aplicar estos versículos a tu vida?

DÍA 5 • *Lee* 1 Crónicas 27–29

DÍA 6 • *Lee* 2 Crónicas 1–5

Haz o escribe tu oración:

SEMANA 18
REFLEXIÓN

¿Qué hay en una genealogía?

Cuanto más envejezco, más me intrigan las genealogías. Hasta me atrevería a decir que estoy obsesionada con ellas. Parte de mi obsesión puede deberse a que no puedo rastrear a mi familia a través de los siglos. Reconozco la importancia y el valor de conocer los antecedentes familiares. Las genealogías no son simplemente una lista de nombres de antepasados, aunque, sin duda, lo sean. Una genealogía es un mapa, una referencia histórica, una guía para comprender a una persona y sus acontecimientos. Así que, digamos que soy una fanática de 1 Crónicas. Para aquellos que no se entusiasman con las genealogías, a la mayoría de nosotros nos encanta una buena historia. Hace poco descubrí que uno de los antepasados de mi marido salvó a varias personas de una catástrofe ferroviaria en Inglaterra. Tal vez, tú también hayas descubierto algo que te haya sorprendido. Sea como sea, las historias del pasado nos moldean hoy.

El cronista (autor desconocido) dedica los primeros nueve capítulos a las genealogías. Aunque sea tentador saltárselos, sabiendo cuánto las personas moldean la historia, es importante detenerse y leerlos. Tanto en 1 como en 2 Crónicas se traza la historia de Israel y se repiten los acontecimientos de 1 y 2 Samuel y 1 y 2 Reyes. Si entiendes las genealogías de la Biblia, comprenderás mejor la historia de Israel, la historia de la Biblia y, en última instancia, la historia de la salvación.

IDEAS PARA EL DÍA DE DESCANSO

Ponte al día con las lecturas que te hayan quedado pendientes.

Tómate un momento para estudiar un pasaje o capítulo con el método de estudio bíblico que prefieras.

Identifica a una persona o situación en el texto y profundiza en su historia.

SEMANA 19

2 Crónicas 6
a
2 Crónicas 33

Considera

1 ¿Qué revelan estos versículos sobre Dios y Su carácter?
2 ¿De qué manera Jesús está presente en estos capítulos? ¿Dónde identificas el evangelio?
3 ¿Cómo podrías aplicar estos versículos a tu vida?

DÍA 1 • *Lee* 2 Crónicas 6–9

DÍA 2 • *Lee* 2 Crónicas 10–15

Haz o escribe tu oración:

Considera

1 ¿Qué revelan estos versículos sobre Dios y Su carácter?
2 ¿De qué manera Jesús está presente en estos capítulos? ¿Dónde identificas el evangelio?
3 ¿Cómo podrías aplicar estos versículos a tu vida?

DÍA 3 • *Lee* 2 Crónicas 16–20

DÍA 4 • *Lee* 2 Crónicas 21–25

Haz o escribe tu oración:

Considera

1 ¿Qué revelan estos versículos sobre Dios y Su carácter?
2 ¿De qué manera Jesús está presente en estos capítulos? ¿Dónde identificas el evangelio?
3 ¿Cómo podrías aplicar estos versículos a tu vida?

DÍA 5 • *Lee* 2 Crónicas 26–29

DÍA 6 • *Lee* 2 Crónicas 30–33

Haz o escribe tu oración:

SEMANA 19
REFLEXIÓN

Busca y lo encontrarás

Relee este versículo de la lectura del día 1:

> Si mi pueblo, que lleva mi nombre, se humilla y ora, y me busca y abandona su mala conducta, yo lo escucharé desde el cielo, perdonaré su pecado y restauraré su tierra. (2 Cr 7:14)

Después de que Salomón dedicó el templo, Dios respondió a su oración con promesas, pero estas promesas estaban condicionadas a la humildad y obediencia de Su pueblo. Dios es un Dios que cumple Su pacto, pero Su nombre no puede ser profanado. Dios desea que Israel se someta a Su ley y busque Su rostro. ¡Qué invitación tan gloriosa! Aunque estos versículos tienen un tiempo, lugar y contexto específicos (por ejemplo, Dios no ha hecho un pacto con mi país ni con el tuyo), a lo largo de las Escrituras, vemos esta misma invitación para todo el pueblo de Dios. A través de Su Hijo, Dios ha provisto un camino para que nos humillemos, nos acerquemos a Su trono de gracia y recibamos Su favor. Al igual que para los israelitas, hay libertad, gracia y gozo cuando sometemos nuestra vida a Él:

> Pidan y se les dará; busquen y encontrarán; llamen y se les abrirá. (Mt 7:7)

IDEAS PARA EL DÍA DE DESCANSO

Ponte al día con las lecturas que te hayan quedado pendientes.

Tómate un momento para estudiar un pasaje o capítulo con el método de estudio bíblico que prefieras.

Identifica a una persona o situación en el texto y profundiza en su historia.

Josías tenía ocho años c
comenzó a reinar, y regi
y un años en Jerusalén.
estaba bien a los ojos de
caminó en los caminos
padre; Y no se apartó ha
derecha ni hacia la izqu
en el octavo año de su r
mientras aún era un niñ
buscar al Dios de David
el duodécimo año come
a Judá y Jerusalén de los
los postes de Asera y las
talladas y el metal. Y co
altares de los baals en su

SEMANA 20

2 Crónicas 34
a
Nehemías 9

Considera

1 ¿Qué revelan estos versículos sobre Dios y Su carácter?
2 ¿De qué manera Jesús está presente en estos capítulos? ¿Dónde identificas el evangelio?
3 ¿Cómo podrías aplicar estos versículos a tu vida?

DÍA 1 • *Lee* 2 Crónicas 34–36

DÍA 2 • *Lee* Esdras 1–4

Haz o escribe tu oración:

Considera

1 ¿Qué revelan estos versículos sobre Dios y Su carácter?
2 ¿De qué manera Jesús está presente en estos capítulos? ¿Dónde identificas el evangelio?
3 ¿Cómo podrías aplicar estos versículos a tu vida?

DÍA 3 • *Lee* Esdras 5–7

DÍA 4 • *Lee* Esdras 8–10

Haz o escribe tu oración:

Considera

1 ¿Qué revelan estos versículos sobre Dios y Su carácter?
2 ¿De qué manera Jesús está presente en estos capítulos? ¿Dónde identificas el evangelio?
3 ¿Cómo podrías aplicar estos versículos a tu vida?

DÍA 5 • *Lee* Nehemías 1–5

DÍA 6 • *Lee* Nehemías 6–9

Haz o escribe tu oración:

SEMANA 20
REFLEXIÓN

Esdras y el contexto

La mayoría de ustedes, como yo, son lectores promedio de la Biblia; probablemente no dominan el hebreo ni el griego. Algunos de ustedes son nuevos en la Biblia o tienen conocimientos básicos. Aman a Jesús y quieren conocerlo más. Por eso, pasar días y semanas en los libros históricos de la Biblia puede parecer una tarea pesada. Mientras pensaba en cómo los libros de la Biblia se conectan entre sí y en el propósito e importancia de estos libros históricos, me encontré con un párrafo útil en el *Moody Bible Commentary* [Comentario Bíblico Moody] que resume mis pensamientos generales y me ayuda a motivarme para seguir leyendo:

> [El libro de] Esdras contribuye a la narración bíblica de cuatro maneras. (1) Proporciona la descripción narrativa del regreso de los judíos del cautiverio babilónico, continuando así la historia iniciada en 1 y 2 Crónicas [...]. (3) Proporciona el contexto histórico para los ministerios proféticos de Hageo y Zacarías; sin Esdras, sus oráculos proféticos carecerían de un contexto significativo.[1]

Aunque el autor se centra en el libro de Esdras, la idea general podría aplicarse a todo lo que has leído en las últimas veinte semanas. El Pentateuco (los cinco primeros libros de la Biblia) y la mayoría de los libros históricos sientan las bases y el contexto de los libros que les siguen. Los relatos también nos muestran que Dios se relacionó con seres humanos caídos a quienes invitó a entrar en Su pacto. ¡A Dios le encanta trabajar a través de seres humanos limitados!

Nos acercamos a la mitad de nuestro año de lectura. Si necesitas más ayuda para entender lo que estás leyendo, considera utilizar uno de tus días de descanso para leer algunos párrafos de una Biblia de estudio o un comentario. Estas herramientas pueden ayudarte a entender el contexto mientras terminamos y nos adentramos en los géneros literarios sapienciales y poéticos de la Biblia.

¡DISFRUTA DE TU DÍA DE DESCANSO!

SEMANA 21

Nehemías 10
a
Job 15

Considera

1 ¿Qué revelan estos versículos sobre Dios y Su carácter?
2 ¿De qué manera Jesús está presente en estos capítulos? ¿Dónde identificas el evangelio?
3 ¿Cómo podrías aplicar estos versículos a tu vida?

DÍA 1 • *Lee* Nehemías 10–13

DÍA 2 • *Lee* Ester 1–5

Haz o escribe tu oración:

Considera

1 ¿Qué revelan estos versículos sobre Dios y Su carácter?
2 ¿De qué manera Jesús está presente en estos capítulos? ¿Dónde identificas el evangelio?
3 ¿Cómo podrías aplicar estos versículos a tu vida?

DÍA 3 • *Lee* Ester 6–10

DÍA 4 • *Lee* Job 1–5

Haz o escribe tu oración:

Considera

1 ¿Qué revelan estos versículos sobre Dios y Su carácter?
2 ¿De qué manera Jesús está presente en estos capítulos? ¿Dónde identificas el evangelio?
3 ¿Cómo podrías aplicar estos versículos a tu vida?

DÍA 5 • *Lee* Job 6–10

DÍA 6 • *Lee* Job 11–15

Haz o escribe tu oración:

SEMANA 21
REFLEXIÓN

Una historia inusual pero cercana

La historia de Job parece irreal. Le arrebataron todo: su riqueza, su familia y cualquier otra cosa buena y tangible. ¿Pudo esto haberle sucedido realmente a una persona? ¿Es solo una alegoría o una lección? Pero entonces pienso en un tornado reciente que arrasó un pueblo, llevándose consigo propiedades y vidas. O en el poder destructivo de una bomba que mata a niños pequeños y obliga a otros a huir y a dejar atrás todo lo que conocían, incluida su patria. O en mi abuela, quien perdió a su madre, a su padre, a sus hermanos y hermanas, a su esposo y a sus dos hijos. Su pérdida no fue repentina, sino lenta e insoportable. Ahora, la historia de Job no parece tan inverosímil.

El libro de Job no nos da una respuesta clara sobre sus sufrimientos. Sabemos que Job era un hombre justo que temía al Señor (Job 1:1). Sabemos que sus amigos no fueron un gran consuelo para él (Job 21:34). También sabemos que Job estaba angustiado por sus problemas. ¿Cuál es el sentido de este libro? No adelantaré nada sobre el siguiente devocional ni el final de la historia. Sin embargo, diré que algunas de las respuestas que deseamos quizás nunca las obtengamos. La historia de Job y la de muchos otros, incluida la mía, me recuerda a la letra del himno de William Cowper, «Dios se mueve de manera misteriosa»:

Sus propósitos madurarán con rapidez,
abriéndose hora tras hora;
el capullo tendrá amargo sabor,
pero dulce será la flor.[1]

Habrá momentos en nuestra vida en los que el capullo de lo que está sucediendo tendrá un sabor amargo. No podemos conocer todos los propósitos de Dios, pero podemos aprender a apoyarnos en Él y a confiar más en Él cada hora. En los días inciertos y confusos, descanso en el Dios inmutable y todopoderoso. Tal vez, aprender a confiar en el Senor sea una de las lecciones que Dios quiere enseñarnos a través de la lectura de Job.

¡DISFRUTA DE TU DÍA DE DESCANSO!

SEMANA 22

Job 16
a
Salmos 8

Considera

1 ¿Qué revelan estos versículos sobre Dios y Su carácter?
2 ¿De qué manera Jesús está presente en estos capítulos? ¿Dónde identificas el evangelio?
3 ¿Cómo podrías aplicar estos versículos a tu vida?

DÍA 1 • *Lee* Job 16–21

DÍA 2 • *Lee* Job 22–28

Haz o escribe tu oración:

Considera

1. ¿Qué revelan estos versículos sobre Dios y Su carácter?
2. ¿De qué manera Jesús está presente en estos capítulos? ¿Dónde identificas el evangelio?
3. ¿Cómo podrías aplicar estos versículos a tu vida?

DÍA 3 • *Lee* Job 29–32

DÍA 4 • *Lee* Job 33–37

Haz o escribe tu oración:

Considera

1 ¿Qué revelan estos versículos sobre Dios y Su carácter?
2 ¿De qué manera Jesús está presente en estos capítulos? ¿Dónde identificas el evangelio?
3 ¿Cómo podrías aplicar estos versículos a tu vida?

DÍA 5 • *Lee* Job 38–42

DÍA 6 • *Lee* Salmos 1–8

Haz o escribe tu oración:

SEMANA 22
REFLEXIÓN

No todo está prometido

La historia de Job es inspiradora y, a menudo, se utiliza para destacar la perseverancia en medio del sufrimiento. Sin embargo, la historia de Job termina en restauración. Releamos la Palabra de Dios:

> Después de haber orado Job por sus amigos, el Señor lo hizo prosperar de nuevo y le dio dos veces más de lo que antes tenía. Todos sus hermanos y hermanas, y todos los que antes lo habían conocido, fueron a su casa y celebraron con él un banquete. Lo animaron y lo consolaron por todas las calamidades que el Señor había enviado, y cada uno de ellos le dio una pieza de plata y un anillo de oro. (Job 42:10-11)

El texto continúa diciendo que el Señor bendijo los últimos días de la vida de Job más que los primeros. Murió anciano y disfrutó de una larga vida (v. 17). He sufrido cuatro abortos espontáneos. Perdí dos embarazos antes de dar a luz a mi hijo. Luego, tras otros dos abortos espontáneos, nació mi hija. Aunque nunca desearía volver a experimentar esa pérdida y ese dolor, tampoco puedo imaginar mi vida sin los hijos que el Señor me ha permitido criar. En cierto modo, hubo restauración. Mis hijos terrenales no reemplazan a aquellos que no sobrevivieron, pero son un regalo que no cambiaría por nada. Imagino que Job se habría sentido de manera similar. La vida puede ser paradójica, ¿no es así?

Me pregunto si la idea de tener fe en Dios y de confiar en Su soberanía nos resulta reconfortante solo cuando creemos que Él nos restaurará. Sin embargo, el Señor nunca promete la restauración de todas las cosas en esta vida. Por ejemplo, aún padezco dolor crónico y problemas estomacales derivados de uno de mis abortos espontáneos. Aun así, podemos confiar en que Él redimirá nuestras circunstancias. Podemos confiar en que Él está obrando para bien. Solo cuando realmente comprendemos el carácter de Dios, podemos decir: «¡Bendito sea el nombre del Señor!» (Job 1:21).

¡DISFRUTA DE TU DÍA DE DESCANSO!

SEMANA 23

Salmos 9
a
Salmos 40

Considera

1 ¿Qué revelan estos versículos sobre Dios y Su carácter?
2 ¿De qué manera Jesús está presente en estos capítulos? ¿Dónde identificas el evangelio?
3 ¿Cómo podrías aplicar estos versículos a tu vida?

DÍA 1 • *Lee* Salmos 9–15

DÍA 2 • *Lee* Salmos 16–19

Haz o escribe tu oración:

Considera

1 ¿Qué revelan estos versículos sobre Dios y Su carácter?
2 ¿De qué manera Jesús está presente en estos capítulos? ¿Dónde identificas el evangelio?
3 ¿Cómo podrías aplicar estos versículos a tu vida?

DÍA 3 • *Lee* Salmos 20–26

DÍA 4 • *Lee* Salmos 27–32

Haz o escribe tu oración:

Considera

1 ¿Qué revelan estos versículos sobre Dios y Su carácter?
2 ¿De qué manera Jesús está presente en estos capítulos? ¿Dónde identificas el evangelio?
3 ¿Cómo podrías aplicar estos versículos a tu vida?

DÍA 5 • *Lee* Salmos 33–36

DÍA 6 • *Lee* Salmos 37–40

Haz o escribe tu oración:

SEMANA 23
REFLEXIÓN

#Dichoso

Para este momento, ya habrás leído 40 salmos. Los Salmos están llenos de lamentos y alabanzas, de pesares y alegrías, de cantos y llantos. Es aquí donde percibimos que tenemos permiso para experimentar lo que sentimos y llevarlo ante el Señor. Aunque ya hemos avanzado desde el Salmo 1, quería que reflexionáramos sobre el inicio de nuestro recorrido a través de estos cantos y poemas.

Todos anhelamos ser bendecidos. Deseamos la felicidad. El Salmo 1:1 nos ofrece una receta para la felicidad que no encontrarás en ninguna farmacia: no seguir a los malvados. Sin embargo, este salmo no solo nos advierte, sino que también nos señala el camino hacia la verdadera felicidad: deleitarnos en la ley del Señor y meditar en ella día y noche. Quizás debería haber comenzado este libro con ese mensaje. ¿Quieres una vida dichosa? Lee la Biblia. Pídele al Señor que te ayude a meditar en Su Palabra.

Este es probablemente un buen momento para recordarte que, si no has seguido el orden de lectura asignado y te encuentras saltando de un pasaje a otro, ¡eso no solo está bien, sino que es maravilloso! Estás leyendo la Biblia. Mi deseo, tanto para ti como para mí, es que nos deleitemos en la ley del Señor y que, en última instancia, esto nos lleve a conocer y amar más a nuestro Salvador. El objetivo no es simplemente completar una lista, sino deleitarnos en Él. Señor, haz que así sea.

IDEAS PARA EL DÍA DE DESCANSO

Ponte al día con las lecturas que te hayan quedado pendientes.

Tómate un momento para estudiar un pasaje o capítulo con el método de estudio bíblico que prefieras.

Identifica a una persona o situación en el texto y profundiza en su historia.

¡Bienaventurado el que c

En un día de problemas

el Señor lo protege y lo

es llamado bendito e

no lo entregas a la vo

El Señor lo sostiene en s

en su enfermedad lo

En cuanto a mí, dije: "Oh

¡sáname, porque he p

Mis enemigos me dicen

"¿cuándo morirá y su

Y cuando uno viene a ve

mientras que su cora

cuando sale, lo cuent

Al que me odian susurr

SEMANA 24

Salmos 41
a
Salmos 77

Considera

1 ¿Qué revelan estos versículos sobre Dios y Su carácter?
2 ¿De qué manera Jesús está presente en estos capítulos? ¿Dónde identificas el evangelio?
3 ¿Cómo podrías aplicar estos versículos a tu vida?

DÍA 1 • *Lee* Salmos 41–46

DÍA 2 • *Lee* Salmos 47–53

Haz o escribe tu oración:

Considera

1 ¿Qué revelan estos versículos sobre Dios y Su carácter?
2 ¿De qué manera Jesús está presente en estos capítulos? ¿Dónde identificas el evangelio?
3 ¿Cómo podrías aplicar estos versículos a tu vida?

DÍA 3 • *Lee* Salmos 54–60

DÍA 4 • *Lee* Salmos 61–68

Haz o escribe tu oración:

Considera

1 ¿Qué revelan estos versículos sobre Dios y Su carácter?
2 ¿De qué manera Jesús está presente en estos capítulos? ¿Dónde identificas el evangelio?
3 ¿Cómo podrías aplicar estos versículos a tu vida?

DÍA 5 • *Lee* Salmos 69–72

DÍA 6 • *Lee* Salmos 73–77

Haz o escribe tu oración:

SEMANA 24
REFLEXIÓN

Aprender a lamentarse

Las personas tienen opiniones diversas sobre los tests de personalidad, así que me abstendré de compartir mi «personalidad», pero digamos que no me gusta lamentarme. Quiero ser feliz y evitar cualquier sentimiento de tristeza. No me agrada la idea de confrontar mis emociones. ¡No, gracias! Sin embargo, a través de una serie de circunstancias devastadoras, he aprendido que lamentarse no solo es apropiado, sino también saludable. A medida que he sufrido y crecido en mi comprensión del lamento, gran parte de lo que he aprendido ha surgido de la lectura de los Salmos, mientras también aprendía sobre la vida de Jesús a través de los Evangelios.

El Salmo 42 (junto con el 43) es un ejemplo del tipo de lenguaje honesto, vulnerable y de lamento que Dios nos invita a compartir con Él. En este caso, parece que el salmista escribió el salmo para ser cantado en la congregación (ver el encabezado del versículo 1). Anhelaba la presencia del Señor y reconocía su profunda tristeza mientras esperaba (vv. 1-3). En el pasado, durante una temporada de depresión espiritual y tristeza, puede que le haya dicho a mi alma: «Aguántate»; pero no el salmista. Él no confía en su propia fuerza y poder. En su lugar, se dirige a Dios: «En Dios pondré mi esperanza y lo seguiré alabando. ¡Él es mi salvación y mi Dios!» (v. 5b).

La próxima vez que sientas tristeza, recuerda que no es un signo de debilidad; incluso Jesús estuvo triste (Is 53:3; Mt 26:38). Más bien, es un signo de nuestra humanidad y de nuestra necesidad de la Roca y Salvación. Los Salmos nos recuerdan que podemos llevar todo dolor, confusión y tristeza directamente al Señor; nos recuerdan de dónde viene nuestro socorro.

IDEAS PARA EL DÍA DE DESCANSO

Ponte al día con las lecturas que te hayan quedado pendientes.

Tómate un momento para estudiar un pasaje o capítulo con el método de estudio bíblico que prefieras.

Identifica a una persona o situación en el texto y profundiza en su historia.

SEMANA 25

Salmos 78
a
Salmos 118

Considera

1 ¿Qué revelan estos versículos sobre Dios y Su carácter?
2 ¿De qué manera Jesús está presente en estos capítulos? ¿Dónde identificas el evangelio?
3 ¿Cómo podrías aplicar estos versículos a tu vida?

DÍA 1 • *Lee* Salmos 78–82

DÍA 2 • *Lee* Salmos 83–89

Haz o escribe tu oración:

Considera

1 ¿Qué revelan estos versículos sobre Dios y Su carácter?
2 ¿De qué manera Jesús está presente en estos capítulos? ¿Dónde identificas el evangelio?
3 ¿Cómo podrías aplicar estos versículos a tu vida?

DÍA 3 • *Lee* Salmos 90–99

DÍA 4 • *Lee* Salmos 100–105

Haz o escribe tu oración:

Considera

1 ¿Qué revelan estos versículos sobre Dios y Su carácter?
2 ¿De qué manera Jesús está presente en estos capítulos? ¿Dónde identificas el evangelio?
3 ¿Cómo podrías aplicar estos versículos a tu vida?

DÍA 5 • *Lee* Salmos 106–109

DÍA 6 • *Lee* Salmos 110–118

Haz o escribe tu oración:

SEMANA 25
REFLEXIÓN

¡Grita de alegría!

Me encanta la imagen del Salmo 100: entrar en la presencia del Señor con cánticos. Hay tanto por lo que estar agradecido, pero mientras leía, me detuve en el versículo 3: «Reconozcan que el SEÑOR es Dios; él nos hizo y somos suyos. Somos su pueblo, ovejas de su prado».

Él nos hizo y somos Suyos. Hay algo reconfortante en saber que no solo hemos sido creados por Dios, sino que también Él es Rey. Sin embargo, Él no es solo Rey; Él es nuestro Pastor. Somos Sus ovejas y Él nos pastorea. Un pastor guía y protege. Ni una sola de Sus ovejas está perdida. Por eso nos alegramos. Gracias, Señor, por hacernos y cuidarnos. Gracias por no avergonzarte de asociarte con nosotros y llamarnos tuyos. Somos tuyos. ¡Gracias!

IDEAS PARA EL DÍA DE DESCANSO

Ponte al día con las lecturas que te hayan quedado pendientes.

Tómate un momento para estudiar un pasaje o capítulo con el método de estudio bíblico que prefieras.

Identifica a una persona o situación en el texto y profundiza en su historia.

SEMANA 26

Salmos 119
a
Proverbios 8

Considera

1 ¿Qué revelan estos versículos sobre Dios y Su carácter?
2 ¿De qué manera Jesús está presente en estos capítulos? ¿Dónde identificas el evangelio?
3 ¿Cómo podrías aplicar estos versículos a tu vida?

DÍA 1 • *Lee* Salmos 119

DÍA 2 • *Lee* Salmos 120–135

Haz o escribe tu oración:

Considera

1 ¿Qué revelan estos versículos sobre Dios y Su carácter?
2 ¿De qué manera Jesús está presente en estos capítulos? ¿Dónde identificas el evangelio?
3 ¿Cómo podrías aplicar estos versículos a tu vida?

DÍA 3 • *Lee* Salmos 136–143

DÍA 4 • *Lee* Salmos 144–150

Haz o escribe tu oración:

Considera

1 ¿Qué revelan estos versículos sobre Dios y Su carácter?
2 ¿De qué manera Jesús está presente en estos capítulos? ¿Dónde identificas el evangelio?
3 ¿Cómo podrías aplicar estos versículos a tu vida?

DÍA 5 • *Lee* Proverbios 1–4

DÍA 6 • *Lee* Proverbios 5–8

Haz o escribe tu oración:

SEMANA 26
REFLEXIÓN

El temor antes de la sabiduría y del conocimiento

Hemos terminado los Salmos y entrado en un libro lleno de sabiduría. O, quizás, debería decir otro libro lleno de sabiduría, ya que los Salmos, aunque conocidos principalmente como poesía, también nos ayudarán a caminar en sabiduría. El libro de Proverbios contiene algunos de los consejos e instrucciones más útiles de las Escrituras. Uno de los textos más citados de Proverbios está justo al principio: «El temor del SEÑOR es el principio del conocimiento» (Pr 1:7).

Si deseamos adquirir conocimiento y sabiduría, debemos comenzar por el temor del Señor. Como escribí en la semana 9, no debemos buscar el conocimiento solo para saber más y jactarnos de lo mucho que sabemos o sentirnos bien con nosotros mismos. Conocer a Dios es más que saber sobre Él. Nuestra inclinación natural es comenzar con la lectura y el estudio. Sin embargo, como veremos más adelante en nuestro plan, el conocimiento trae orgullo (1 Co 8:1). No obstante, cuando va acompañado de reverencia y temor, nuestro conocimiento conduce a la adoración y a la obediencia.

El conocimiento, sin el temor del Señor, puede conducir al orgullo o incluso al abuso. Nunca será verdaderamente sabio si no nace de una actitud reverente hacia Dios. Por eso, al leer y estudiar Su Palabra, oremos para que ese conocimiento nos lleve a la adoración. Necesitamos una mayor reverencia por Él, pues solo así podremos recibir verdadera sabiduría y conocimiento.

IDEAS PARA EL DÍA DE DESCANSO

Ponte al día con las lecturas que te hayan quedado pendientes.

Tómate un momento para estudiar un pasaje o capítulo con el método de estudio bíblico que prefieras.

Identifica a una persona o situación en el texto y profundiza en su historia.

SEMANA 27

Proverbios 9
a
Proverbios 31

Considera

1 ¿Qué revelan estos versículos sobre Dios y Su carácter?
2 ¿De qué manera Jesús está presente en estos capítulos? ¿Dónde identificas el evangelio?
3 ¿Cómo podrías aplicar estos versículos a tu vida?

DÍA 1 • *Lee* Proverbios 9–12

DÍA 2 • *Lee* Proverbios 13–16

Haz o escribe tu oración:

Considera

1 ¿Qué revelan estos versículos sobre Dios y Su carácter?
2 ¿De qué manera Jesús está presente en estos capítulos? ¿Dónde identificas el evangelio?
3 ¿Cómo podrías aplicar estos versículos a tu vida?

DÍA 3 • *Lee* Proverbios 17–20

DÍA 4 • *Lee* Proverbios 21–23

Haz o escribe tu oración:

Considera

1 ¿Qué revelan estos versículos sobre Dios y Su carácter?
2 ¿De qué manera Jesús está presente en estos capítulos? ¿Dónde identificas el evangelio?
3 ¿Cómo podrías aplicar estos versículos a tu vida?

DÍA 5 • *Lee* Proverbios 24–27

DÍA 6 • *Lee* Proverbios 28–31

Haz o escribe tu oración:

SEMANA 27
REFLEXIÓN

Ahórrate el sufrimiento

La retribución y la venganza son respuestas instintivas ante un conflicto, pero la mayoría de nosotros no vamos a terminar en un tribunal (Pr 25:8). Lo más probable es que nos sintamos tentados a compartir nuestros agravios con los demás. Sin embargo, si prestamos atención a estos versículos, la advertencia no se centra en cómo nuestros chismes afectan a la otra persona (vv. 9-10). El enfoque está en cómo el chisme afecta a quien comparte la queja. Nunca debemos sacar un texto fuera de contexto ni aplicarlo erróneamente. Por ejemplo, este texto no debe usarse para ocultar abusos sexuales.

Teniendo en cuenta todas las advertencias, hay otros pasajes en las Escrituras que dan instrucciones claras y útiles para la resolución de conflictos, como los conocidos versículos de Mateo 18:15-22 y Lucas 12:57-59 sobre cuando un hermano o hermana peca contra nosotros. Si el conflicto puede resolverse entre dos partes, debemos esforzarnos por hacerlo. Sin embargo, ese no es nuestro primer instinto. A menudo, nuestra reacción es hablar sobre la ofensa con quienes no están involucrados y compartirlo de una manera que nos haga sentir bien, exponiendo nuestro caso en solitario. No obstante, como vemos en Proverbios, esto puede generar más conflictos, dolor y tristeza... ¡para nosotros! En lugar de seguir nuestras tendencias de autosabotaje, podemos pedir a Dios autocontrol y paciencia, para que Él haga justicia y así nosotros poder descansar.

IDEAS PARA EL DÍA DE DESCANSO

Ponte al día con las lecturas que te hayan quedado pendientes.

Tómate un momento para estudiar un pasaje o capítulo con el método de estudio bíblico que prefieras.

Identifica a una persona o situación en el texto y profundiza en su historia.

SEMANA 28

Eclesiastés 1
a
Isaías 7

Considera

1 ¿Qué revelan estos versículos sobre Dios y Su carácter?
2 ¿De qué manera Jesús está presente en estos capítulos? ¿Dónde identificas el evangelio?
3 ¿Cómo podrías aplicar estos versículos a tu vida?

DÍA 1 • *Lee* Eclesiastés 1–6

DÍA 2 • *Lee* Eclesiastés 7–12

Haz o escribe tu oración:

Considera

1. ¿Qué revelan estos versículos sobre Dios y Su carácter?
2. ¿De qué manera Jesús está presente en estos capítulos? ¿Dónde identificas el evangelio?
3. ¿Cómo podrías aplicar estos versículos a tu vida?

DÍA 3 • *Lee* Cantar de los Cantares 1–4

DÍA 4 • *Lee* Cantar de los Cantares 5–8

Haz o escribe tu oración:

Considera

1 ¿Qué revelan estos versículos sobre Dios y Su carácter?
2 ¿De qué manera Jesús está presente en estos capítulos? ¿Dónde identificas el evangelio?
3 ¿Cómo podrías aplicar estos versículos a tu vida?

DÍA 5 • *Lee* Isaías 1–3

DÍA 6 • *Lee* Isaías 4–7

Haz o escribe tu oración:

SEMANA 28
REFLEXIÓN

Tres libros, un mensaje

No estoy segura de que hayamos tenido una semana como esta. Hemos abordado tres libros de la Biblia, cada uno bastante distinto en cuanto al mensaje y estilo. ¿Debería escribir sobre la vanidad o la temporalidad de las búsquedas terrenales o sobre la sensualidad del matrimonio y lo mucho que Dios nos ama, o debería reflexionar sobre la venida del Señor? Hay un lazo que los une: Jesús. Jesús es la única persona que puede satisfacernos y lo hará plenamente. Podemos perseguir otras cosas, ya sean posesiones mundanas o incluso el don del matrimonio, pero ninguna de ellas puede ocupar el lugar principal en nuestro corazón.

En una vida que puede parecer sin sentido, Jesús es el único que permanece constante. Los tiempos cambian, mas Él no. A través de todos los altibajos de la vida, las pruebas, las aflicciones y lo aparentemente mundano, Jesús sigue siendo el único que no solo da Su vida por Su novia, sino que también va y persigue a la oveja perdida. Isaías ya nos ha guiado a través de la impresionante sala del trono de un Dios santo hasta la profecía de Emanuel, Dios con nosotros. Así que, mientras reflexionamos sobre la profecía de nuestro Señor y Salvador a través de Isaías, también proclamamos: Maranata —ven, Señor Jesús—. Te anhelamos. Te deseamos.

IDEAS PARA EL DÍA DE DESCANSO

Ponte al día con las lecturas que te hayan quedado pendientes.

Tómate un momento para estudiar un pasaje o capítulo con el método de estudio bíblico que prefieras.

Identifica a una persona o situación en el texto y profundiza en su historia.

Entonces el Señor me di
tableta grande y escriba
personajes comunes", pe
Maher Salal Jasbaz. "Y o
confiables, Urías el sacer
hijo de Jeberechiah, para
fui a la profetisa, y ella co
a un hijo. Entonces el Se
"Llame a su nombre Ma
porque antes del niño sa
mi padre "o" mi madre ",
de Damasco y el botín d
llevarán ante el rey de A
me habló nuevamente: "
este pueblo ha rechazad

SEMANA 29

Isaías 8
a
Isaías 31

Considera

1 ¿Qué revelan estos versículos sobre Dios y Su carácter?
2 ¿De qué manera Jesús está presente en estos capítulos? ¿Dónde identificas el evangelio?
3 ¿Cómo podrías aplicar estos versículos a tu vida?

DÍA 1 • *Lee* Isaías 8–10

DÍA 2 • *Lee* Isaías 11–14

Haz o escribe tu oración:

Considera

1 ¿Qué revelan estos versículos sobre Dios y Su carácter?
2 ¿De qué manera Jesús está presente en estos capítulos? ¿Dónde identificas el evangelio?
3 ¿Cómo podrías aplicar estos versículos a tu vida?

DÍA 3 • *Lee* Isaías 15–19

DÍA 4 • *Lee* Isaías 20–24

Haz o escribe tu oración:

Considera

1 ¿Qué revelan estos versículos sobre Dios y Su carácter?
2 ¿De qué manera Jesús está presente en estos capítulos? ¿Dónde identificas el evangelio?
3 ¿Cómo podrías aplicar estos versículos a tu vida?

DÍA 5 • *Lee* Isaías 25–28

DÍA 6 • *Lee* Isaías 29–31

Haz o escribe tu oración:

SEMANA 29
REFLEXIÓN

Navidad todo el año

Si les preguntara cuál es el versículo más citado cada año en Navidad, imagino que la mayoría de ustedes recitaría Isaías 9:6:

> Porque nos ha nacido un niño,
> se nos ha concedido un hijo;
> la soberanía reposará sobre sus hombros
> y se le darán estos nombres:
> Consejero Admirable, Dios Fuerte,
> Padre Eterno, Príncipe de Paz.

Isaías profetizó sobre un bebé que salvaría al mundo. Este fue un anuncio sorprendente y asombroso, ya que iba dirigido a un pueblo rebelde. Asimismo, había guerras y disturbios. No había paz.

Pero entonces Isaías habla de una especie de victoria. Habrá una vida gloriosa, alegría y triunfo para el pueblo de Dios. Vemos esto en los versículos 1 al 5. ¿Pero cómo? Un niño. Se nos ha concedido un hijo. Esto se repite en el Evangelio de Lucas: «Hoy ha nacido en la ciudad de David un Salvador, que es Cristo el Señor» (Lucas 2:11).

Cuando hay desasosiego y confusión en nuestra nación, podemos descansar sabiendo que tenemos un Rey justo y eterno. Cuando necesitamos sabiduría, podemos invocar a nuestro Consejero Admirable. Cuando somos débiles, podemos fortalecernos en nuestro Dios Fuerte. Podemos regocijarnos sabiendo que, gracias a Él, nunca nos separaremos de nuestro Padre Eterno. Y cuando todo a nuestro alrededor es caótico, nos apoyamos en el Príncipe de Paz.

¡Qué alegría saber que nuestro Emanuel está aquí!

IDEAS PARA EL DÍA DE DESCANSO

Ponte al día con las lecturas que te hayan quedado pendientes.

Tómate un momento para estudiar un pasaje o capítulo con el método de estudio bíblico que prefieras.

Identifica a una persona o situación en el texto y profundiza en su historia.

SEMANA 30

Isaías 32
a
Isaías 50

Considera

1 ¿Qué revelan estos versículos sobre Dios y Su carácter?
2 ¿De qué manera Jesús está presente en estos capítulos? ¿Dónde identificas el evangelio?
3 ¿Cómo podrías aplicar estos versículos a tu vida?

DÍA 1 • *Lee* Isaías 32–35

DÍA 2 • *Lee* Isaías 36–38

Haz o escribe tu oración:

Considera

1 ¿Qué revelan estos versículos sobre Dios y Su carácter?
2 ¿De qué manera Jesús está presente en estos capítulos? ¿Dónde identificas el evangelio?
3 ¿Cómo podrías aplicar estos versículos a tu vida?

DÍA 3 • *Lee* Isaías 39–41

DÍA 4 • *Lee* Isaías 42–44

Haz o escribe tu oración:

Considera

1. ¿Qué revelan estos versículos sobre Dios y Su carácter?
2. ¿De qué manera Jesús está presente en estos capítulos? ¿Dónde identificas el evangelio?
3. ¿Cómo podrías aplicar estos versículos a tu vida?

DÍA 5 • *Lee* Isaías 45–47

DÍA 6 • *Lee* Isaías 48–50

Haz o escribe tu oración:

SEMANA 30
REFLEXIÓN

Sin justicia no hay paz

Isaías 42 es un canto y una profecía sobre Jesús, el siervo elegido de Dios. Los primeros versículos describen Su carácter, y suelo detenerme a reflexionar sobre la mansedumbre del Señor. Sin embargo, a medida que mis ojos se abren a la injusticia del mundo, necesito recordar lo que dice el versículo 4: Dios es un Dios justo. Cuando pensamos en justicia, a menudo la asociamos con venganza y castigo. Creemos que el mal será extinguido por la ira de Dios. Pero ¿has pensado alguna vez que la justicia de Dios también trae paz?

La justicia no se trata solo de ira o de castigar las malas acciones, sino de restaurar, de hacer nuevas todas las cosas. Al profundizar sobre este versículo, el *Moody Bible Commentary* lo expresa de la siguiente manera:

> Traer justicia también traerá paz, ya que incluso las naciones (las costas) esperarán para escuchar la instrucción del siervo. El siervo perseverará hasta completar su misión. Establecerá la justicia en la tierra y las naciones ya no harán sus propias reglas. En vez de eso, se alinearán con la ley del siervo.[1]

No pretendo entender completamente cómo sucederá todo esto, pero me da paz imaginar un mundo que se somete al Rey Jesús y a un Dios manso, humilde y justo.

IDEAS PARA EL DÍA DE DESCANSO

Ponte al día con las lecturas que te hayan quedado pendientes.

Tómate un momento para estudiar un pasaje o capítulo con el método de estudio bíblico que prefieras.

Identifica a una persona o situación en el texto y profundiza en su historia.

SEMANA 31

Isaías 51
a
Jeremías 3

Considera

1 ¿Qué revelan estos versículos sobre Dios y Su carácter?
2 ¿De qué manera Jesús está presente en estos capítulos? ¿Dónde identificas el evangelio?
3 ¿Cómo podrías aplicar estos versículos a tu vida?

DÍA 1 • *Lee* Isaías 51–53

DÍA 2 • *Lee* Isaías 54–57

Haz o escribe tu oración:

Considera

1 ¿Qué revelan estos versículos sobre Dios y Su carácter?
2 ¿De qué manera Jesús está presente en estos capítulos? ¿Dónde identificas el evangelio?
3 ¿Cómo podrías aplicar estos versículos a tu vida?

DÍA 3 • *Lee* Isaías 58–60

DÍA 4 • *Lee* Isaías 61–64

Haz o escribe tu oración:

Considera

1 ¿Qué revelan estos versículos sobre Dios y Su carácter?
2 ¿De qué manera Jesús está presente en estos capítulos? ¿Dónde identificas el evangelio?
3 ¿Cómo podrías aplicar estos versículos a tu vida?

DÍA 5 • *Lee* Isaías 65–66

DÍA 6 • *Lee* Jeremías 1–3

Haz o escribe tu oración:

SEMANA 31
REFLEXIÓN

Una profecía digna de creer

Isaías 53 ofrece una descripción detallada y sombría de cómo Jesús sería recibido y de todo lo que tendría que soportar. El contraste entre lo que nosotros hicimos y lo que Él hizo por nosotros es una lección de humildad. Francamente, se necesita fe para creerlo.

Él fue herido por nuestras transgresiones y molido por nuestras iniquidades. Lo soportó todo a causa de nosotros y *por* nosotros. Si esto es cierto, ¿por qué dudaríamos en confiar en Él para el perdón de todos nuestros pecados? Su muerte, totalmente brutal, nos reconcilia con Dios y nos sana del pecado. Podemos entender esto con nuestro intelecto, pero ¿lo vivimos de verdad? Si caminamos en culpa y condenación por pecados de los que ya nos hemos arrepentido y han sido perdonados, entonces no estamos creyendo que lo que leemos en Isaías 53 es verdad, al menos no para nosotros.

Si *es* cierto, entonces tú y yo podemos dejar de intentar ganar nuestra salvación. El legalismo es un asalto a la gracia. Si creemos lo que hemos leído, entonces debemos creer que Su muerte fue suficiente. Nunca podremos hacer lo suficiente ni ser suficientes. La obra de la salvación le corresponde a Dios, una vez y para siempre. Jesús lo pagó todo. Así que quizás la pregunta no sea: «¿Es esto cierto?», sino más bien: «¿Lo crees?». Pidamos al Señor que nos ayude a creer que Jesús cumplió la profecía de Isaías y a descansar en el favor inmerecido de Dios.

IDEAS PARA EL DÍA DE DESCANSO

Ponte al día con las lecturas que te hayan quedado pendientes.

Tómate un momento para estudiar un pasaje o capítulo con el método de estudio bíblico que prefieras.

Identifica a una persona o situación en el texto y profundiza en su historia.

SEMANA 32

Jeremías 4
a
Jeremías 21

Considera

1 ¿Qué revelan estos versículos sobre Dios y Su carácter?
2 ¿De qué manera Jesús está presente en estos capítulos? ¿Dónde identificas el evangelio?
3 ¿Cómo podrías aplicar estos versículos a tu vida?

DÍA 1 • *Lee* Jeremías 4–5

DÍA 2 • *Lee* Jeremías 6–8

Haz o escribe tu oración:

Considera

1 ¿Qué revelan estos versículos sobre Dios y Su carácter?
2 ¿De qué manera Jesús está presente en estos capítulos? ¿Dónde identificas el evangelio?
3 ¿Cómo podrías aplicar estos versículos a tu vida?

DÍA 3 • *Lee* Jeremías 9–11

DÍA 4 • *Lee* Jeremías 12–14

Haz o escribe tu oración:

Considera

1 ¿Qué revelan estos versículos sobre Dios y Su carácter?
2 ¿De qué manera Jesús está presente en estos capítulos? ¿Dónde identificas el evangelio?
3 ¿Cómo podrías aplicar estos versículos a tu vida?

DÍA 5 • *Lee* Jeremías 15–17

DÍA 6 • *Lee* Jeremías 18–21

Haz o escribe tu oración:

SEMANA 32
REFLEXIÓN

¿Está tu corazón irremediablemente enfermo?

Al comienzo de Jeremías 17, el profeta confronta la idolatría de Judá y su aparente adoración a otros hombres. No están poniendo su confianza en Dios. Jeremías explica que quienes confían en Dios son bendecidos. ¿Por qué una nación elegiría confiar en el hombre antes que en Dios? La respuesta está en el versículo 9: porque el corazón es engañoso.

Desde Génesis 3, la historia de un pueblo que deposita su confianza en otros seres humanos en lugar de en Dios se ha repetido una y otra vez a lo largo de los siglos. Y si somos sinceros, nosotros mismos, en ocasiones, también hemos puesto nuestra confianza en el hombre por encima de Dios. Entonces, ¿es nuestro corazón engañoso sobre todas las cosas y está irremediablemente enfermo? No, no para aquellos que han confiado en el Señor como su Salvador.

Se nos ha dado un corazón nuevo; somos nuevas criaturas, por lo que tenemos el poder de resistir la tentación. Más aún, Dios no nos ve como personas con corazones engañosos. Por eso, al leer este versículo, no decimos: «¿No nos alegramos de saber que no somos como ellos?», porque, en realidad, *somos* como ellos. En cambio, proclamamos: «¿No nos alegramos de que Jesús se haya interpuesto en la brecha y nos haya cubierto con Su justicia?».

IDEAS PARA EL DÍA DE DESCANSO

Ponte al día con las lecturas que te hayan quedado pendientes.

Tómate un momento para estudiar un pasaje o capítulo con el método de estudio bíblico que prefieras.

Identifica a una persona o situación en el texto y profundiza en su historia.

Así dice el SEÑOR: "Ve a

de Judá y habla allí esta p

Escucha la Palabra del S

de Judá, que se sienta en

David, tú y tus siervos, y

que ingresan a estas pue

el SEÑOR: Hacer justicia

entregar de la mano del

sido robado. Y no hagas

al extranjero residente, l

viuda, ni derramaron sa

en este lugar. Porque si r

obedece esta palabra, en

en las puertas de esta ca

que se sientan en el tron

SEMANA 33

Jeremías 22
a
Jeremías 38

Considera

1 ¿Qué revelan estos versículos sobre Dios y Su carácter?
2 ¿De qué manera Jesús está presente en estos capítulos? ¿Dónde identificas el evangelio?
3 ¿Cómo podrías aplicar estos versículos a tu vida?

DÍA 1 • *Lee* Jeremías 22–24

DÍA 2 • *Lee* Jeremías 25–27

Haz o escribe tu oración:

Considera

1 ¿Qué revelan estos versículos sobre Dios y Su carácter?
2 ¿De qué manera Jesús está presente en estos capítulos? ¿Dónde identificas el evangelio?
3 ¿Cómo podrías aplicar estos versículos a tu vida?

DÍA 3 • *Lee* Jeremías 28–30

DÍA 4 • *Lee* Jeremías 31–32

Haz o escribe tu oración:

Considera

1 ¿Qué revelan estos versículos sobre Dios y Su carácter?
2 ¿De qué manera Jesús está presente en estos capítulos? ¿Dónde identificas el evangelio?
3 ¿Cómo podrías aplicar estos versículos a tu vida?

DÍA 5 • *Lee* Jeremías 33–35

DÍA 6 • *Lee* Jeremías 36–38

Haz o escribe tu oración:

SEMANA 33
REFLEXIÓN

La redención de Jeremías 29:11

Jeremías 29:11 es, sin duda, uno de los versículos más malinterpretados y mal aplicados de toda la Biblia. Es una promesa maravillosa, pero fue dada específicamente a los exiliados en Babilonia. Cuando Dios les promete prosperidad, muchos hoy lo interpretan como una garantía de riqueza financiera para los cristianos. Esta malinterpretación no solo es errónea, sino también peligrosamente engañosa. Dios nunca prometió riquezas materiales a Su pueblo.

Si bien debemos ser cautelosos al aplicar este versículo a nuestras vidas, y evitar sacarlo de contexto y malinterpretarlo, las palabras de Dios a los exiliados siguen teniendo lecciones valiosas para nosotros hoy. Una de ellas es la soberanía de Dios sobre nuestra vida. El mismo Dios que dirigió sus pasos es el que guía los nuestros. Podemos descansar y tener paz, sabiendo que estamos en manos de un Dios bueno y soberano.

IDEAS PARA EL DÍA DE DESCANSO

Ponte al día con las lecturas que te hayan quedado pendientes.

Tómate un momento para estudiar un pasaje o capítulo con el método de estudio bíblico que prefieras.

Identifica a una persona o situación en el texto y profundiza en su historia.

En el noveno año del re
de Judá, en el décimo m
Babilonia de Nabucodo
su ejército se enfrentó a
y lo asedió. En el undéci
Sedequías, en el cuarto
Día del mes, se realizó u
la ciudad. Luego, todos
del rey de Babilonia vini
sentaron en la puerta m
Sar-Ezer de Samgar, Neb
Rab-Saris, Nergal-Sarez
con todo el resto de los
de Babilonia. Cuando Z
Judá y todos los soldado

SEMANA 34

Jeremías 39 *a* Lamentaciones 2

Considera

1 ¿Qué revelan estos versículos sobre Dios y Su carácter?
2 ¿De qué manera Jesús está presente en estos capítulos? ¿Dónde identificas el evangelio?
3 ¿Cómo podrías aplicar estos versículos a tu vida?

DÍA 1 • *Lee* Jeremías 39–42

DÍA 2 • *Lee* Jeremías 43–46

Haz o escribe tu oración:

Considera

1 ¿Qué revelan estos versículos sobre Dios y Su carácter?
2 ¿De qué manera Jesús está presente en estos capítulos? ¿Dónde identificas el evangelio?
3 ¿Cómo podrías aplicar estos versículos a tu vida?

DÍA 3 • *Lee* Jeremías 47–48

DÍA 4 • *Lee* Jeremías 49–50

Haz o escribe tu oración:

Considera

1. ¿Qué revelan estos versículos sobre Dios y Su carácter?
2. ¿De qué manera Jesús está presente en estos capítulos? ¿Dónde identificas el evangelio?
3. ¿Cómo podrías aplicar estos versículos a tu vida?

DÍA 5 • *Lee* Jeremías 51–52

DÍA 6 • *Lee* Lamentaciones 1–2

Haz o escribe tu oración:

SEMANA 34
REFLEXIÓN

Estudiemos Jeremías 31 y el nuevo pacto

Para romper la densidad de nuestra lectura de esta semana, hagamos una pausa y estudiemos Jeremías 31. Si necesitas ponerte al día con la lectura, puedes saltarte esta reflexión y seguir leyendo. Toma una hoja de papel o escribe en el espacio destinado para tu día de descanso.

Ve a Jeremías 31. Utilizando un método básico de estudio bíblico, vas a:

1. Leer el capítulo.
2. Observar: hazte preguntas como quién, qué, cuándo, dónde, por qué y cómo. Escribe tus respuestas.
3. Interpretar: ¿qué significa el texto? ¿Cuál es el contexto? ¿Cómo se relaciona con el resto de la Escritura? Escribe tus respuestas.
4. Poner en práctica: ¿hay un contexto para mí hoy? Escribe tu respuesta y ora pidiendo la ayuda del Señor para aplicar lo que has aprendido.
5. Asegurarte siempre de preguntar: ¿qué dice el texto sobre el carácter de Dios y cómo apunta a Jesús? Escribe tu respuesta.

Jeremías 31 nos muestra la esperanza en el compromiso eterno de Dios con Israel. Ahora, observa Lucas 22:19-20. Jesús establece ese mismo compromiso con toda la humanidad. Dios es, verdaderamente, un Dios que cumple Su pacto.

Espero que hayas disfrutado de este breve descanso para estudiar. Siéntete libre de utilizar este método cada vez que desees profundizar un poco más durante tu tiempo de lectura.

IDEAS PARA EL DÍA DE DESCANSO

Ponte al día con las lecturas que te hayan quedado pendientes.

Tómate un momento para estudiar un pasaje o capítulo con el método de estudio bíblico que prefieras.

Identifica a una persona o situación en el texto y profundiza en su historia.

SEMANA 35

Lamentaciones 3
a
Ezequiel 19

Considera

1 ¿Qué revelan estos versículos sobre Dios y Su carácter?
2 ¿De qué manera Jesús está presente en estos capítulos? ¿Dónde identificas el evangelio?
3 ¿Cómo podrías aplicar estos versículos a tu vida?

DÍA 1 • *Lee* Lamentaciones 3–5

DÍA 2 • *Lee* Ezequiel 1–4

Haz o escribe tu oración:

Considera

1 ¿Qué revelan estos versículos sobre Dios y Su carácter?
2 ¿De qué manera Jesús está presente en estos capítulos? ¿Dónde identificas el evangelio?
3 ¿Cómo podrías aplicar estos versículos a tu vida?

DÍA 3 • *Lee* Ezequiel 5–9

DÍA 4 • *Lee* Ezequiel 10–13

Haz o escribe tu oración:

Considera

1 ¿Qué revelan estos versículos sobre Dios y Su carácter?
2 ¿De qué manera Jesús está presente en estos capítulos? ¿Dónde identificas el evangelio?
3 ¿Cómo podrías aplicar estos versículos a tu vida?

DÍA 5 • *Lee* Ezequiel 14–16

DÍA 6 • *Lee* Ezequiel 17–19

Haz o escribe tu oración:

SEMANA 35
REFLEXIÓN

Nuevas misericordias cada mañana

Aunque ya estamos bastante adentrados en Ezequiel, quisiera volver al inicio de la semana y a un pasaje especial en Lamentaciones 3:22-24. Creo que estas son las palabras más esperanzadoras de todo Lamentaciones. En medio del sufrimiento y del dolor, es reconfortante recordar que las misericordias del Señor nunca cesan. Me evocan la letra del himno *Mi esperanza firme está*: «Si se desploma todo aquí, me aferro a Cristo mi mástil».[1]

Recuerdo un tiempo de profundo sufrimiento en el que, casi cada mañana, oraba para que el Señor me concediera nuevas misericordias para afrontar el día. Sabía que el alivio no llegaría de inmediato, pero confiaba en que si clamaba al Señor, me escucharía. Así que clamé. Y Él fue fiel a Su promesa y me dio lo que necesitaba para cada día: nuevas misericordias, cada mañana.

Estas palabras se convirtieron en un ancla para mi alma:

> Por la misericordia de Jehová no hemos sido consumidos,
> porque nunca decayeron sus misericordias.
> Nuevas son cada mañana; grande es tu fidelidad.
> Mi porción es Jehová, dijo mi alma; por tanto,
> en él esperaré. (Lm 3:22-24 RVR1960)

Las misericordias de Dios nunca cesan, pero en nuestra profunda angustia, puede ser difícil recordar que Dios siempre es misericordioso. Él siempre es fiel. Hay un recordatorio constante de Su gracia: es nueva cada mañana. Cada amanecer nos recuerda que Dios está cerca y que permanece fiel.

IDEAS PARA EL DÍA DE DESCANSO

Ponte al día con las lecturas que te hayan quedado pendientes.

Tómate un momento para estudiar un pasaje o capítulo con el método de estudio bíblico que prefieras.

Identifica a una persona o situación en el texto y profundiza en su historia.

Unos ancianos de Israel v
visitarme y se sentaron fr
palabra del Señor vino a m
«Hijo de hombre, estas pe
hecho de su corazón un a
y han puesto piedras de t
los hacen pecar. ¿Cómo v
que me consulten? Por ta
con ellos y adviérteles qu
Señor y Dios: “A todo isra
hecho de su corazón un a
y que, después de haber c
paso piedras de tropiezo
pecar, consulte al profeta,
le responderé según la mu
ídolos. Así cautivaré el co

SEMANA 36

Ezequiel 20
a
Ezequiel 36

Considera

1 ¿Qué revelan estos versículos sobre Dios y Su carácter?
2 ¿De qué manera Jesús está presente en estos capítulos? ¿Dónde identificas el evangelio?
3 ¿Cómo podrías aplicar estos versículos a tu vida?

DÍA 1 • *Lee* Ezequiel 20–21

DÍA 2 • *Lee* Ezequiel 22–24

Haz o escribe tu oración:

Considera

1 ¿Qué revelan estos versículos sobre Dios y Su carácter?
2 ¿De qué manera Jesús está presente en estos capítulos? ¿Dónde identificas el evangelio?
3 ¿Cómo podrías aplicar estos versículos a tu vida?

DÍA 3 • *Lee* Ezequiel 25–27

DÍA 4 • *Lee* Ezequiel 28–30

Haz o escribe tu oración:

Considera

1 ¿Qué revelan estos versículos sobre Dios y Su carácter?
2 ¿De qué manera Jesús está presente en estos capítulos? ¿Dónde identificas el evangelio?
3 ¿Cómo podrías aplicar estos versículos a tu vida?

DÍA 5 • *Lee* Ezequiel 31–33

DÍA 6 • *Lee* Ezequiel 34–36

Haz o escribe tu oración:

SEMANA 36
REFLEXIÓN

Vida para nuestros huesos secos

Ezequiel 37:3-5 relata una visión asombrosa del profeta:

> Entonces me dijo: «Hijo de hombre, ¿podrán revivir estos huesos?». Y yo contesté: «SEÑOR y Dios, tú lo sabes». Entonces me dijo: «Profetiza sobre estos huesos y diles: "¡Huesos secos, escuchen la palabra del Señor! Así dice el SEÑOR y Dios a estos huesos: 'Yo haré entrar en ustedes espíritu y vivirán…'"».

Aún no has llegado al capítulo 37 de Ezequiel. Hasta ahora, hemos leído sobre destrucción, idolatría y desesperanza absoluta. Babilonia había destruido al pueblo judío, y todo parecía perdido. ¿Puede Ezequiel profetizar esperanza en circunstancias tan desoladoras? ¿Hay *algo* imposible para el Señor? Considera estos versículos como un anticipo de esperanza. En tu próxima lectura, hallarás un futuro para ellos, para ti y para mí.

Dios infunde vida en los huesos secos y muertos; una vida que es tanto espiritual (nueva vida) como física (resurrección). Jesús venció el pecado y la muerte, y llegará el día en que veremos la derrota definitiva de la muerte para siempre. En medio del pecado, la rebelión, el cautiverio y la desesperanza, Dios le recordó a Su pueblo que no lo abandonaría. Incluso en medio de Su juicio, les prometía esperanza eterna.

Como escribe el autor Chris Bruno:

> La promesa de Ezequiel 37 fue que una vez que el pecado fuera derrotado, el poder de la muerte sería. Y una vez que el poder de la muerte fuera quitado, el Espíritu de Dios tendría rienda suelta para dar vida, primero al siervo, y luego a todos aquellos que reciben el perdón de los pecados prometido en el nuevo pacto y ganado por la muerte del siervo. A través de esta visión en Ezequiel 37, ¡Dios estaba prometiendo una nueva creación![1]

Dios nunca abandona a Su pueblo, ¡y gracias a Jesús, somos contados entre ellos! Los que tenemos el Nuevo Testamento podemos tener aún más confianza y esperanza en la imagen de la nueva vida. Dios infunde aliento de vida en nuestros cuerpos mortales y, un día, vencerá a la muerte para siempre.

IDEAS PARA EL DÍA DE DESCANSO

Ponte al día con las lecturas que te hayan quedado pendientes.

Tómate un momento para estudiar un pasaje o capítulo con el método de estudio bíblico que prefieras.

Identifica a una persona o situación en el texto y profundiza en su historia.

SEMANA 37

Ezequiel 37
a
Daniel 6

Considera

1 ¿Qué revelan estos versículos sobre Dios y Su carácter?
2 ¿De qué manera Jesús está presente en estos capítulos? ¿Dónde identificas el evangelio?
3 ¿Cómo podrías aplicar estos versículos a tu vida?

DÍA 1 • *Lee* Ezequiel 37–39

DÍA 2 • *Lee* Ezequiel 40–42

Haz o escribe tu oración:

Considera

1 ¿Qué revelan estos versículos sobre Dios y Su carácter?
2 ¿De qué manera Jesús está presente en estos capítulos? ¿Dónde identificas el evangelio?
3 ¿Cómo podrías aplicar estos versículos a tu vida?

DÍA 3 • *Lee* Ezequiel 43–45

DÍA 4 • *Lee* Ezequiel 46–48

Haz o escribe tu oración:

Considera

1. ¿Qué revelan estos versículos sobre Dios y Su carácter?
2. ¿De qué manera Jesús está presente en estos capítulos? ¿Dónde identificas el evangelio?
3. ¿Cómo podrías aplicar estos versículos a tu vida?

DÍA 5 • *Lee* Daniel 1–3

DÍA 6 • *Lee* Daniel 4–6

Haz o escribe tu oración:

SEMANA 37
REFLEXIÓN

La fe que lleva a la oración

Haz una pausa y relee Daniel 6:10-28.

Si el Señor lo permite, ¡nunca nos encontraremos con la oposición de los líderes religiosos, atrapados en una conspiración para derrocarnos ni sentenciados a muerte por leones! Sin embargo, oro para que, sin importar la situación en la que nos encontremos, tengamos la fe de Daniel (Heb 11:32-34). Su fe lo llevó a orar en medio de circunstancias terribles (Dn 6:10).

Hebreos 11:33 nos recuerda que, ante la amenaza de un león, Daniel mantuvo su fe y creyó que Dios podía salvarlo. Daniel no oró porque sabía lo que Dios iba a hacer. No tenía ni idea. Oró porque conocía al Dios que podía hacerlo. No importa la circunstancia, siempre podemos acudir a Dios en oración. Como escribió R. C. Sproul en su libro *Knowing Scripture* [Conociendo las Escrituras]: «La cuestión de la fe no es tanto si creemos en Dios, como si realmente creemos al Dios en quien creemos».[1]

IDEAS PARA EL DÍA DE DESCANSO

Ponte al día con las lecturas que te hayan quedado pendientes.

Tómate un momento para estudiar un pasaje o capítulo con el método de estudio bíblico que prefieras.

Identifica a una persona o situación en el texto y profundiza en su historia.

Habló Daniel y dijo: V
mi visión siendo de no
he aquí que los cuatro
del cielo combatían el
mar. Y cuatro bestias g
diferentes la una de la
subían del mar. La prin
como león, y tenía ala
Yo estaba mirando has
que sus alas fueron arr
y fue quitada de la tier
puso enhiesta sobre lo
a manera de hombre,
dado corazón de hom

SEMANA 38

Daniel 7
a
Joel 3

Considera

1 ¿Qué revelan estos versículos sobre Dios y Su carácter?
2 ¿De qué manera Jesús está presente en estos capítulos? ¿Dónde identificas el evangelio?
3 ¿Cómo podrías aplicar estos versículos a tu vida?

DÍA 1 • *Lee* Daniel 7–9

DÍA 2 • *Lee* Daniel 10–12

Haz o escribe tu oración:

Considera

1 ¿Qué revelan estos versículos sobre Dios y Su carácter?
2 ¿De qué manera Jesús está presente en estos capítulos? ¿Dónde identificas el evangelio?
3 ¿Cómo podrías aplicar estos versículos a tu vida?

DÍA 3 • *Lee* Oseas 1–4

DÍA 4 • *Lee* Oseas 5–9

Haz o escribe tu oración:

Considera

1. ¿Qué revelan estos versículos sobre Dios y Su carácter?
2. ¿De qué manera Jesús está presente en estos capítulos? ¿Dónde identificas el evangelio?
3. ¿Cómo podrías aplicar estos versículos a tu vida?

DÍA 5 • *Lee* Oseas 10–14

DÍA 6 • *Lee* Joel 1–3

Haz o escribe tu oración:

SEMANA 38
REFLEXIÓN

Dios quiere nuestro corazón

Joel es un libro profético corto sobre el juicio de Dios contra Israel y todas las naciones (Joel 3:2-3). Sin embargo, dentro de este breve libro, hay un llamado esperanzador al arrepentimiento. Un tema y estribillo importante en el mensaje de Joel es «el día del Señor», refiriéndose al día en que el Señor traerá Su juicio final. No obstante, este no es un mensaje trágico. Joel le dice al pueblo que, si se arrepienten, el Señor los perdonará. Joel 2:12-13 no solo aborda el tema del arrepentimiento en este libro, sino que presenta un mensaje que se repite a lo largo de toda la Biblia:

> «Ahora bien», afirma el SEÑOR,
> «vuélvanse a mí de todo corazón,
> con ayuno, llantos y lamentos».
> Rásguense el corazón
> y no las vestiduras.
> Vuélvanse al SEÑOR su Dios,
> porque él es misericordioso y compasivo,
> lento para la ira y lleno de amor,
> cambia de parecer y no castiga.

Dios busca nuestro corazón; no le interesan nuestros rituales religiosos. Quiere que nos arrepintamos y que nos volvamos a Él. No nos rechazará. Por el contrario, el Señor es clemente y misericordioso, lento para la ira y lleno de amor. Este es nuestro Dios. ¿Acaso no hemos oído esto antes? ¿No lo volveremos a leer? ¡Sí!

Aunque no experimentemos las mismas plagas y destrucción que los de esta historia, no puedo evitar pensar que tal vez el Señor también nos está advirtiendo a nosotros. El arrepentimiento lleva a la libertad; el pecado conduce a la muerte. Por la gracia de Dios, podemos elegir caminar en libertad y recibir Su misericordia y amor.

IDEAS PARA EL DÍA DE DESCANSO

Ponte al día con las lecturas que te hayan quedado pendientes.

Tómate un momento para estudiar un pasaje o capítulo con el método de estudio bíblico que prefieras.

Identifica a una persona o situación en el texto y profundiza en su historia.

SEMANA 39

Amós 1 *a* Miqueas 7

Considera

1 ¿Qué revelan estos versículos sobre Dios y Su carácter?
2 ¿De qué manera Jesús está presente en estos capítulos? ¿Dónde identificas el evangelio?
3 ¿Cómo podrías aplicar estos versículos a tu vida?

DÍA 1 • *Lee* Amós 1–4

DÍA 2 • *Lee* Amós 5–9

Haz o escribe tu oración:

Considera

1 ¿Qué revelan estos versículos sobre Dios y Su carácter?
2 ¿De qué manera Jesús está presente en estos capítulos? ¿Dónde identificas el evangelio?
3 ¿Cómo podrías aplicar estos versículos a tu vida?

DÍA 3 • *Lee* Abdías

DÍA 4 • *Lee* Jonás 1–4

Haz o escribe tu oración:

Considera

1 ¿Qué revelan estos versículos sobre Dios y Su carácter?
2 ¿De qué manera Jesús está presente en estos capítulos? ¿Dónde identificas el evangelio?
3 ¿Cómo podrías aplicar estos versículos a tu vida?

DÍA 5 • *Lee* Miqueas 1–4

DÍA 6 • *Lee* Miqueas 5–7

Haz o escribe tu oración:

SEMANA 39
REFLEXIÓN

Un libro breve lleno de historia

Abdías es un libro breve. De hecho, es el más corto del Antiguo Testamento. Sin embargo, dentro de este breve libro profético, encontramos una lección de historia concisa sobre Jacob, Esaú y la continua hostilidad entre estos dos linajes ancestrales. Si te has fijado, el Señor comenzó a llamar a Edom «Esaú» (v. 6) y a Israel «Jacob» (v. 10). Para comprender esto mejor, debemos retroceder a Génesis 25:23 y 27:39-40. A través del trato de Edom hacia Judá, vemos que los descendientes de Jacob y Esaú estaban cumpliendo con la relación que fue prefigurada en Génesis.

Como mencioné en mi reflexión de la primera semana, si somos capaces de comprender lo que ocurre en el libro de Génesis, entenderemos toda la Biblia. Al leer Abdías, esta afirmación sigue siendo cierta. Encontramos atisbos de Abdías no solo en Génesis, sino también en otros lugares del Antiguo Testamento, por lo que te animo a estudiarlo (ver Lamentaciones o Jeremías 49). Abdías profetizó el juicio de Dios sobre Edom a causa de la violencia y la apatía del pueblo hacia Israel (vv. 10-14).[1] Sin embargo, el juicio de Dios no es la última palabra. Al final del libro —tal como Dios siempre había prometido— vemos que Dios restaurará Su reino y la tierra experimentará la redención. Y como me dijo un amigo hace poco, el juicio de Dios es nuestra garantía de la justicia de Dios.

IDEAS PARA EL DÍA DE DESCANSO

Ponte al día con las lecturas que te hayan quedado pendientes.

Tómate un momento para estudiar un pasaje o capítulo con el método de estudio bíblico que prefieras.

Identifica a una persona o situación en el texto y profundiza en su historia.

SEMANA 40

Nahúm 1
a
Zacarías 10

Considera

1 ¿Qué revelan estos versículos sobre Dios y Su carácter?
2 ¿De qué manera Jesús está presente en estos capítulos? ¿Dónde identificas el evangelio?
3 ¿Cómo podrías aplicar estos versículos a tu vida?

DÍA 1 • *Lee* Nahúm 1–3

DÍA 2 • *Lee* Habacuc 1–3

Haz o escribe tu oración:

Considera

1. ¿Qué revelan estos versículos sobre Dios y Su carácter?
2. ¿De qué manera Jesús está presente en estos capítulos? ¿Dónde identificas el evangelio?
3. ¿Cómo podrías aplicar estos versículos a tu vida?

DÍA 3 • *Lee* Sofonías 1–3

DÍA 4 • *Lee* Hageo 1–2

Haz o escribe tu oración:

Considera

1 ¿Qué revelan estos versículos sobre Dios y Su carácter?
2 ¿De qué manera Jesús está presente en estos capítulos? ¿Dónde identificas el evangelio?
3 ¿Cómo podrías aplicar estos versículos a tu vida?

DÍA 5 • *Lee* Zacarías 1–6

DÍA 6 • *Lee* Zacarías 7–10

Haz o escribe tu oración:

SEMANA 40
REFLEXIÓN

Aun así, yo me regocijaré

El profeta Habacuc cuestionó el accionar de Dios y Su aparente falta de justicia para con Judá. Pese a estar clasificado como profético, el libro presenta muchas características propias de un lamento. Sin embargo, al final de este breve escrito, encontramos versículos profundos con los que todos podemos identificarnos y aplicar a nuestra vida. Habacuc transformó sus frustraciones y su confusión en alabanza y fe:

> Aunque la higuera no florezca
> ni haya frutos en las vides;
> aunque falle la cosecha del olivo
> y los campos no produzcan alimentos;
> aunque en el redil no haya ovejas
> ni vaca alguna en los establos;
> aun así, yo me regocijaré en el SEÑOR.
> ¡Me alegraré en el Dios de mi salvación!
> El SEÑOR y Dios es mi fuerza;
> da a mis pies la ligereza de una gacela
> y me hace caminar por las alturas.
> (Hab 3:17-19)

Tal vez nunca experimentemos la angustia de ver a una nación invadir y destruir nuestra tierra y nuestro pueblo, pero es probable que en algún momento de nuestro caminar con el Señor nos sintamos estériles, secos y vacíos. Pasaremos por pruebas que podrían llevarnos a preguntarnos: «¿Dónde está Dios en esto?». Podemos orar para que, al final de nuestro lamento, como Habacuc y muchos santos antes y después de él, podamos decir: «Aun así, yo me regocijaré en el Señor». La alegría que nos sostiene no proviene de nuestras circunstancias, sino del Dios de nuestra salvación.

IDEAS PARA EL DÍA DE DESCANSO

Ponte al día con las lecturas que te hayan quedado pendientes.

Tómate un momento para estudiar un pasaje o capítulo con el método de estudio bíblico que prefieras.

Identifica a una persona o situación en el texto y profundiza en su historia.

Así dice el Señor mi Dios
ovejas destinadas al mata
las compran las matan im
quienes las venden dicen
el Señor, porque me he en
sus propios pastores se co
ellas. Pero ya no tendré p
habitan este país —afirma
que los entregaré en man
y de su rey. Aunque devas
los rescataré de sus mano
Así que me dediqué a pas
que habían sido destinada
las oprimidas del rebaño.
de pastor: a una le puse p
Gracia y a la otra Unión

SEMANA 41

Zacarías 11
a
Mateo 15

Considera

1 ¿Qué revelan estos versículos sobre Dios y Su carácter?
2 ¿De qué manera Jesús está presente en estos capítulos? ¿Dónde identificas el evangelio?
3 ¿Cómo podrías aplicar estos versículos a tu vida?

DÍA 1 • *Lee* Zacarías 11–14

DÍA 2 • *Lee* Malaquías 1–4

Haz o escribe tu oración:

Considera

1 ¿Qué revelan estos versículos sobre Dios y Su carácter?
2 ¿De qué manera Jesús está presente en estos capítulos? ¿Dónde identificas el evangelio?
3 ¿Cómo podrías aplicar estos versículos a tu vida?

DÍA 3 • *Lee* Mateo 1–5

DÍA 4 • *Lee* Mateo 6–9

Haz o escribe tu oración:

Considera

1 ¿Qué revelan estos versículos sobre Dios y Su carácter?
2 ¿De qué manera Jesús está presente en estos capítulos? ¿Dónde identificas el evangelio?
3 ¿Cómo podrías aplicar estos versículos a tu vida?

DÍA 5 • *Lee* Mateo 10–12

DÍA 6 • *Lee* Mateo 13–15

Haz o escribe tu oración:

SEMANA 41
REFLEXIÓN

Entrar en lo nuevo, recordar lo antiguo

Esta semana, por primera vez, hemos entrado en el Nuevo Testamento. Mientras leía Mateo, no podía dejar de pensar en todos los santos del Antiguo Testamento que murieron esperando y anhelando la llegada del Salvador. Todos partieron confiando en la promesa. Hoy somos testigos del cumplimiento de las profecías y de la fidelidad de las promesas. Sin embargo, Mateo comienza con una genealogía que nos remonta al principio de los tiempos.

Es fundamental dedicar tiempo al Antiguo Testamento para comprender plenamente lo que sucede en el Nuevo. Personajes como Abraham, Isaac, Tamar, Salmón, Rahab, Booz, Rut, Isaí y el rey David nos conducen por el recorrido de nuestro plan de lectura bíblica. Incluso la genealogía demuestra que Dios cumple Su palabra y que toda la Escritura apunta hacia Él:

«Ustedes estudian con diligencia las Escrituras porque piensan que en ellas hallan la vida eterna. ¡Y son ellas las que dan testimonio en mi favor!» (Juan 5:39).

IDEAS PARA EL DÍA DE DESCANSO

Ponte al día con las lecturas que te hayan quedado pendientes.

Tómate un momento para estudiar un pasaje o capítulo con el método de estudio bíblico que prefieras.

Identifica a una persona o situación en el texto y profundiza en su historia.

SEMANA 42

Mateo 16
a
Marcos 7

Considera

1 ¿Qué revelan estos versículos sobre Dios y Su carácter?
2 ¿De qué manera Jesús está presente en estos capítulos? ¿Dónde identificas el evangelio?
3 ¿Cómo podrías aplicar estos versículos a tu vida?

DÍA 1 • *Lee* Mateo 16–20

DÍA 2 • *Lee* Mateo 21–23

Haz o escribe tu oración:

Considera

1 ¿Qué revelan estos versículos sobre Dios y Su carácter?
2 ¿De qué manera Jesús está presente en estos capítulos? ¿Dónde identificas el evangelio?
3 ¿Cómo podrías aplicar estos versículos a tu vida?

DÍA 3 • *Lee* Mateo 24–25

DÍA 4 • *Lee* Mateo 26–28

Haz o escribe tu oración:

Considera

1 ¿Qué revelan estos versículos sobre Dios y Su carácter?
2 ¿De qué manera Jesús está presente en estos capítulos? ¿Dónde identificas el evangelio?
3 ¿Cómo podrías aplicar estos versículos a tu vida?

DÍA 5 • *Lee* Marcos 1–4

DÍA 6 • *Lee* Marcos 5–7

Haz o escribe tu oración:

SEMANA 42
REFLEXIÓN

Síganme y hagan discípulos

Si has estado leyendo toda la Biblia y acabas de completar la semana 42, quizás necesites recordar por qué seguimos leyendo. Aunque buscamos adquirir conocimiento, nuestro objetivo final es disfrutar de Jesús. Mi deseo es que, al igual que Simón y Andrés, tú y yo estemos dispuestos a dejarlo todo y seguir a Jesús (Marcos 1:17). Sin embargo, el propósito de Jesús para Sus discípulos no era solo que le entregaran su vida, sino que también fueran pescadores de hombres.

El conocimiento que adquirimos sobre nuestro Salvador no es algo que debamos guardar solo para nosotros. Sí, debemos deleitarnos en el Señor, pero ¿qué pasaría si tomáramos todo lo que aprendemos y lo compartiéramos con los demás? Jesús dio a Sus discípulos —y, por extensión, a nosotros— el mandato de ir y hacer discípulos de todas las naciones, enseñándoles a obedecer todo lo que Él ha mandado (Mt 28:19-20).

¿Puedes creer que hemos leído casi todo lo que Él enseñó? Busquemos la manera de compartirlo con quienes nos rodean.

IDEAS PARA EL DÍA DE DESCANSO

Ponte al día con las lecturas que te hayan quedado pendientes.

Tómate un momento para estudiar un pasaje o capítulo con el método de estudio bíblico que prefieras.

Identifica a una persona o situación en el texto y profundiza en su historia.

SEMANA 43

Marcos 8
a
Lucas 7

Considera

1 ¿Qué revelan estos versículos sobre Dios y Su carácter?
2 ¿De qué manera Jesús está presente en estos capítulos? ¿Dónde identificas el evangelio?
3 ¿Cómo podrías aplicar estos versículos a tu vida?

DÍA 1 • *Lee* Marcos 8–10

DÍA 2 • *Lee* Marcos 11–13

Haz o escribe tu oración:

Considera

1 ¿Qué revelan estos versículos sobre Dios y Su carácter?
2 ¿De qué manera Jesús está presente en estos capítulos? ¿Dónde identificas el evangelio?
3 ¿Cómo podrías aplicar estos versículos a tu vida?

DÍA 3 • *Lee* Marcos 14–16

DÍA 4 • *Lee* Lucas 1–2

Haz o escribe tu oración:

Considera

1 ¿Qué revelan estos versículos sobre Dios y Su carácter?
2 ¿De qué manera Jesús está presente en estos capítulos? ¿Dónde identificas el evangelio?
3 ¿Cómo podrías aplicar estos versículos a tu vida?

DÍA 5 • *Lee* Lucas 3–5

DÍA 6 • *Lee* Lucas 6–7

Haz o escribe tu oración:

SEMANA 43
REFLEXIÓN

Él entiende

Tómate un momento para releer Marcos 14:32-42.

Una de las primeras veces que comprendí verdaderamente la empatía de Jesús hacia nosotros fue al reflexionar sobre Su experiencia cuando oró en el huerto de Getsemaní. No puedo imaginar la angustia de saberlo todo. Nosotros desconocemos cuándo ocurrirá una tragedia, pero Jesús era plenamente consciente del sufrimiento que le esperaba: rechazo, vergüenza, calumnias, burlas, azotes y, por último, la muerte por crucifixión. Lo sabía todo. Lo soportó todo.

Por eso, cuando lleguemos a Hebreos 4, podemos mirar a Jesús en el huerto y comprender mejor lo que significa que fue tentado en todo, pero sin pecado (Heb 4:15). No solo enfrentó la tentación en el desierto; en Getsemaní fue tentado a rendirse y apartarse de Su misión. La tentación, en sí misma, no es pecado; y Él comprende cada una de las tentaciones, pesares, dolores y sufrimientos que enfrentamos o que habremos de enfrentar. Cuando acudimos a Jesús en nuestro dolor, Él nos entiende por completo y nos acoge con amor.

IDEAS PARA EL DÍA DE DESCANSO

Ponte al día con las lecturas que te hayan quedado pendientes.

Tómate un momento para estudiar un pasaje o capítulo con el método de estudio bíblico que prefieras.

Identifica a una persona o situación en el texto y profundiza en su historia.

Después de esto, Jesús e
recorriendo los pueblos
proclamando las buena
del reino de Dios. Lo ac
los doce y también algu
que habían sido sanada
malignos y de enfermed
María, a la que llamaba
y de la que habían salid
demonios; 3Juana, espo
el administrador de He
y muchas más que los a
sus propios recursos.
De cada pueblo salía ge
a Jesús y cuando se reu

SEMANA 44

Lucas 8
a
Lucas 24

Considera

1. ¿Qué revelan estos versículos sobre Dios y Su carácter?
2. ¿De qué manera Jesús está presente en estos capítulos? ¿Dónde identificas el evangelio?
3. ¿Cómo podrías aplicar estos versículos a tu vida?

DÍA 1 • *Lee* Lucas 8–9

DÍA 2 • *Lee* Lucas 10–12

Haz o escribe tu oración:

Considera

1. ¿Qué revelan estos versículos sobre Dios y Su carácter?
2. ¿De qué manera Jesús está presente en estos capítulos? ¿Dónde identificas el evangelio?
3. ¿Cómo podrías aplicar estos versículos a tu vida?

DÍA 3 • *Lee* Lucas 13–16

DÍA 4 • *Lee* Lucas 17–19

Haz o escribe tu oración:

Considera

1 ¿Qué revelan estos versículos sobre Dios y Su carácter?
2 ¿De qué manera Jesús está presente en estos capítulos? ¿Dónde identificas el evangelio?
3 ¿Cómo podrías aplicar estos versículos a tu vida?

DÍA 5 • *Lee* Lucas 20–22

DÍA 6 • *Lee* Lucas 23–24

Haz o escribe tu oración:

SEMANA 44
REFLEXIÓN

Jesús y las mujeres

Jesús iba acompañado tanto por hombres como por mujeres mientras proclamaba las buenas nuevas. El breve relato de Lucas 8:1-3 sobre las mujeres que servían a Jesús y a Sus discípulos debería servir de aliento para la Iglesia. Todos somos necesarios en la misión, ya sea enseñando o apoyando. Jesús no solo reconoció a las mujeres, sino que las incluyó en Su ministerio.

Siempre me ha inspirado la manera en que Jesús se relacionó con las mujeres. No dudó en asociarse con ellas; aparecen en Su genealogía, interactuó con ellas a solas, se acercó a mujeres de distintas culturas y tuvo amigas por las que se preocupaba profundamente. En este pasaje, vemos que les permitió formar parte de Su ministerio. Es asombroso cómo apenas un par de versículos pueden inspirarnos, animarnos y, al mismo tiempo, impulsarnos a actuar y comprometernos con la misión hoy. Dios no inspiró a Lucas a plasmar esta escena para que el mundo la viera sin un propósito. Él es intencional.

No puedo afirmar conocer los motivos de Dios, pero al considerar toda la Escritura, sé que desea que todo Su pueblo participe en Su misión. Es Su invitación para nosotros: vayan y hagan.

IDEAS PARA EL DÍA DE DESCANSO

Ponte al día con las lecturas que te hayan quedado pendientes.

Tómate un momento para estudiar un pasaje o capítulo con el método de estudio bíblico que prefieras.

Identifica a una persona o situación en el texto y profundiza en su historia.

SEMANA 45

Juan 1
a
Juan 19

Considera

1 ¿Qué revelan estos versículos sobre Dios y Su carácter?
2 ¿De qué manera Jesús está presente en estos capítulos? ¿Dónde identificas el evangelio?
3 ¿Cómo podrías aplicar estos versículos a tu vida?

DÍA 1 • *Lee* Juan 1–3

DÍA 2 • *Lee* Juan 4–6

Haz o escribe tu oración:

Considera

1 ¿Qué revelan estos versículos sobre Dios y Su carácter?
2 ¿De qué manera Jesús está presente en estos capítulos? ¿Dónde identificas el evangelio?
3 ¿Cómo podrías aplicar estos versículos a tu vida?

DÍA 3 • *Lee* Juan 7–9

DÍA 4 • *Lee* Juan 10–12

Haz o escribe tu oración:

Considera

1 ¿Qué revelan estos versículos sobre Dios y Su carácter?
2 ¿De qué manera Jesús está presente en estos capítulos? ¿Dónde identificas el evangelio?
3 ¿Cómo podrías aplicar estos versículos a tu vida?

DÍA 5 • *Lee* Juan 13–16

DÍA 6 • *Lee* Juan 17–19

Haz o escribe tu oración:

SEMANA 45
REFLEXIÓN

Él es desde el principio

Cuando estudio la Biblia, a menudo dedico meses a analizar detenidamente un versículo o un capítulo. Casi todos los pasajes están llenos de significado... y desentrañarlos por completo podría llevarme toda una vida. Por ejemplo, podríamos meditar en Juan 1:1-5 durante meses, incluso durante años. «En el principio ya existía el Verbo» y los versículos que siguen constituyen la introducción más singular, y teológicamente rica, de todos los Evangelios.

Juan resalta la existencia de Jesús desde el principio de los tiempos, y confirma su deidad. El texto nos ayuda a comprender que Jesús es el Creador de todas las cosas. No solo creó la luz que ilumina el cielo nocturno y el sol de la mañana, sino que Él mismo es la luz del mundo (un tema recurrente en los escritos de Juan). Su luz pura resplandece en este mundo oscurecido por la caída. Las tinieblas nunca podrán vencer la luz de nuestro Salvador. Estos versículos encierran una verdad inmensa en tan pocas palabras.

IDEAS PARA EL DÍA DE DESCANSO

Ponte al día con las lecturas que te hayan quedado pendientes.

Tómate un momento para estudiar un pasaje o capítulo con el método de estudio bíblico que prefieras.

Identifica a una persona o situación en el texto y profundiza en su historia.

SEMANA 46

Juan 20
a
Hechos 18

Considera

1 ¿Qué revelan estos versículos sobre Dios y Su carácter?
2 ¿De qué manera Jesús está presente en estos capítulos? ¿Dónde identificas el evangelio?
3 ¿Cómo podrías aplicar estos versículos a tu vida?

DÍA 1 • *Lee* Juan 20–21

DÍA 2 • *Lee* Hechos 1–4

Haz o escribe tu oración:

Considera

1 ¿Qué revelan estos versículos sobre Dios y Su carácter?
2 ¿De qué manera Jesús está presente en estos capítulos? ¿Dónde identificas el evangelio?
3 ¿Cómo podrías aplicar estos versículos a tu vida?

DÍA 3 • *Lee* Hechos 5–7

DÍA 4 • *Lee* Hechos 8–10

Haz o escribe tu oración:

Considera

1 ¿Qué revelan estos versículos sobre Dios y Su carácter?
2 ¿De qué manera Jesús está presente en estos capítulos? ¿Dónde identificas el evangelio?
3 ¿Cómo podrías aplicar estos versículos a tu vida?

DÍA 5 • *Lee* Hechos 11–14

DÍA 6 • *Lee* Hechos 15–18

Haz o escribe tu oración:

Dios, nuestro Redentor

El libro de los Hechos me recuerda al libro de Génesis: aparecen muchos personajes bíblicos y suceden numerosos acontecimientos importantes al mismo tiempo. El mensaje del evangelio avanza con poder, pero también crece la oposición. En Hechos 7:54-60, leemos sobre el apedreamiento de Esteban, un suceso significativo por ser el primer martirio cristiano registrado en la Biblia.

Esteban predicaba las buenas nuevas y, probablemente, sanaba a los enfermos (Hch 6:8). Sin embargo, un grupo de judíos se indignó y persuadió a los sumos sacerdotes para que cuestionaran sus enseñanzas. Aun así, Esteban no se retractó, sino que continuó proclamando el mensaje. Al final de su discurso, la multitud, llena de furia, lo apedreó hasta la muerte.

Este relato nos deja una lección de valentía, pero también de redención. Entre sus verdugos estaba su líder, Saulo (Hch 7:58). En las próximas semanas, leeremos muchas de las epístolas —cartas dirigidas a los seguidores de Jesús y a las primeras iglesias— escritas precisamente por Saulo, quien más tarde sería conocido como Pablo. En una escena donde lamentamos el martirio de un gran siervo de Dios, también nos asombramos ante la gracia futura: el poder del evangelio que predicaba Esteban transformaría un día al despiadado Saulo en un hombre que guiaría a toda la Iglesia del primer siglo.

IDEAS PARA EL DÍA DE DESCANSO

Ponte al día con las lecturas que te hayan quedado pendientes.

Tómate un momento para estudiar un pasaje o capítulo con el método de estudio bíblico que prefieras.

Identifica a una persona o situación en el texto y profundiza en su historia.

SEMANA 47

Hechos 19
a
Romanos 12

Considera

1 ¿Qué revelan estos versículos sobre Dios y Su carácter?
2 ¿De qué manera Jesús está presente en estos capítulos? ¿Dónde identificas el evangelio?
3 ¿Cómo podrías aplicar estos versículos a tu vida?

DÍA 1 • *Lee* Hechos 19–21

DÍA 2 • *Lee* Hechos 22–25

Haz o escribe tu oración:

Considera

1 ¿Qué revelan estos versículos sobre Dios y Su carácter?
2 ¿De qué manera Jesús está presente en estos capítulos? ¿Dónde identificas el evangelio?
3 ¿Cómo podrías aplicar estos versículos a tu vida?

DÍA 3 • *Lee* Hechos 26–28

DÍA 4 • *Lee* Romanos 1–4

Haz o escribe tu oración:

Considera

1 ¿Qué revelan estos versículos sobre Dios y Su carácter?
2 ¿De qué manera Jesús está presente en estos capítulos? ¿Dónde identificas el evangelio?
3 ¿Cómo podrías aplicar estos versículos a tu vida?

DÍA 5 • *Lee* Romanos 5–8

DÍA 6 • *Lee* Romanos 9–12

Haz o escribe tu oración:

SEMANA 47
REFLEXIÓN

El camino a la salvación

Al llegar al libro de Romanos, Pablo ya se ha convertido al cristianismo y la Iglesia se ha extendido hasta los confines de la tierra. Su carta a los creyentes en Roma es una de las epístolas más significativas del Nuevo Testamento. Todas, por supuesto, son importantes, pero esta en particular es fundamental para comprender el evangelio, que es el tema central del libro (Ro 1:16-17).

Con una rápida búsqueda en internet, es posible encontrar numerosos artículos sobre el «Camino de Romanos», una guía a través de este libro para presentar el mensaje del evangelio.[1] No sé si hay una mejor manera de concluir una semana en Romanos que detenernos y meditar en su mensaje. Te animo a emprender tu propio viaje por el Camino de Romanos:

> Romanos 3:23: «Pues todos han pecado y están privados de la gloria de Dios».
>
> Romanos 6:23 nos enseña las consecuencias del pecado: «Porque la paga del pecado es muerte, mientras que el regalo de Dios es vida eterna en Cristo Jesús, nuestro Señor».
>
> Romanos 10:9: «Si confiesas con tu boca que Jesús es el Señor y crees en tu corazón que Dios lo levantó de entre los muertos, serás salvo».
>
> Romanos 10:13: «Porque "todo el que invoque el nombre del Señor será salvo"».
>
> Romanos 5:1: «En consecuencia, ya que hemos sido justificados mediante la fe, tenemos paz con Dios por medio de nuestro Señor Jesucristo».
>
> Romanos 8:1: «Por lo tanto, ya no hay ninguna condenación para los que están en Cristo Jesús».

> Romanos 8:38-39: «Pues estoy convencido de que ni la muerte ni la vida, ni los ángeles ni los demonios, ni lo presente ni lo por venir, ni los poderes, ni lo alto ni lo profundo, ni cosa alguna en toda la creación podrá apartarnos del amor que Dios nos ha manifestado en Cristo Jesús nuestro Señor».

El evangelio no es solo para la evangelización personal; también es para quienes ya profesan la fe. Todos necesitamos recordar las grandes cosas que Dios ha hecho por nosotros a través de la vida, muerte y resurrección de Jesucristo, nuestro Señor.

IDEAS PARA EL DÍA DE DESCANSO

Ponte al día con las lecturas que te hayan quedado pendientes.

Tómate un momento para estudiar un pasaje o capítulo con el método de estudio bíblico que prefieras.

Identifica a una persona o situación en el texto y profundiza en su historia.

Todos deben someterse
autoridades públicas, pu
autoridad que Dios no h
así que las que existen fu
establecidas por él. 2 Po
el que se opone a la auto
contra lo que Dios ha in
así proceden recibirán c
los gobernantes no están
terror a los que hacen lo
los que hacen lo malo. ¿
del miedo a la autoridad
y tendrás su aprobación
al servicio de Dios para
si haces lo malo, entonc

SEMANA 48

Romanos 13
a
2 Corintios 7

Considera

1 ¿Qué revelan estos versículos sobre Dios y Su carácter?
2 ¿De qué manera Jesús está presente en estos capítulos? ¿Dónde identificas el evangelio?
3 ¿Cómo podrías aplicar estos versículos a tu vida?

DÍA 1 • *Lee* Romanos 13–16

DÍA 2 • *Lee* 1 Corintios 1–4

Haz o escribe tu oración:

Considera

1 ¿Qué revelan estos versículos sobre Dios y Su carácter?
2 ¿De qué manera Jesús está presente en estos capítulos? ¿Dónde identificas el evangelio?
3 ¿Cómo podrías aplicar estos versículos a tu vida?

DÍA 3 • *Lee* 1 Corintios 5–9

DÍA 4 • *Lee* 1 Corintios 10–12

Haz o escribe tu oración:

Considera

1. ¿Qué revelan estos versículos sobre Dios y Su carácter?
2. ¿De qué manera Jesús está presente en estos capítulos? ¿Dónde identificas el evangelio?
3. ¿Cómo podrías aplicar estos versículos a tu vida?

DÍA 5 • *Lee* 1 Corintios 13–16

DÍA 6 • *Lee* 2 Corintios 1–7

Haz o escribe tu oración:

SEMANA 48
REFLEXIÓN

El cuerpo y todas sus partes

Pablo les recuerda a los corintios que el cuerpo es una unidad compuesta por muchas partes (1 Co 12:12). Aunque el cuerpo de Cristo está formado por personas de diferentes etnias, culturas, géneros y edades, todos estamos unificados por el Espíritu (1 Co 2:13). La unidad es el objetivo, pero, como vemos al principio de 1 Corintios, la Iglesia estaba dividida, y algunos miembros daban mayor importancia a ciertos dones sobre otros (1 Co 1:10-31). Pablo utiliza la imagen de un cuerpo físico para transmitir verdad y corrección.

La tentación de valorar ciertos dones (¡y a ciertas personas!) por encima de otros no terminó con la Iglesia del primer siglo. Nosotros también enfrentamos la misma tentación. Nos olvidamos que Dios es quien concede los dones y que no son para nuestra gloria, sino para la Suya, así como para el bien de los demás y el servicio a Su Iglesia. Guardémonos de exaltar a otros por ciertos dones externos, como hicieron los corintios, y reconozcamos a Dios como el dador de toda buena dádiva.[1]

IDEAS PARA EL DÍA DE DESCANSO

Ponte al día con las lecturas que te hayan quedado pendientes.

Tómate un momento para estudiar un pasaje o capítulo con el método de estudio bíblico que prefieras.

Identifica a una persona o situación en el texto y profundiza en su historia.

Una nota rápida: El Nuevo Testamento a toda velocidad

Al comenzar esta semana, pronto te darás cuenta —si es que aún no lo has notado— de que el Nuevo Testamento avanza rápidamente. Hemos pasado la mayor parte del año en el Antiguo Testamento, ¡pues representa cerca del 75 % de toda la Biblia! Las semanas 49 a 52 serán especialmente intensas, ya que leeremos libros enteros en un solo día. La razón de este ritmo es sencilla: el tiempo que tardamos en leer tres capítulos del Antiguo Testamento equivale a leer una epístola completa del Nuevo. Me encanta escuchar la Biblia mientras camino. Hace poco, sin darme cuenta, escuché tres epístolas de Pablo de una sola vez.

¿Por qué comparto esto contigo? En la semana que estás por comenzar, leerás seis libros. Si sientes que avanzas demasiado rápido en un libro en particular y deseas hacer una pausa, podrías leer algunos capítulos por la mañana y terminar el libro por la noche. Otra opción es extender la lectura más allá de las 52 semanas. No hay reglas estrictas; el objetivo es leer y deleitarnos en el Señor. Por lo tanto, ajusta el plan según tus necesidades.

¡Feliz lectura!

Queremos que sepas, h
la gracia de Dios que se
las iglesias de Macedoni
una severa prueba de af
abundancia de alegría y
extrema se han desbord
gran generosidad de su
dieron de acuerdo con s
como puedo testificar, y
sus medios, por su prop
rogándonos fervientem
de participar en el alivi
y esto, no como esperáb
se dieron primero al Se
la voluntad de Dios. En

SEMANA 49

2 Corintios 8
a
1 Tesalonicenses 5

Considera

1 ¿Qué revelan estos versículos sobre Dios y Su carácter?
2 ¿De qué manera Jesús está presente en estos capítulos? ¿Dónde identificas el evangelio?
3 ¿Cómo podrías aplicar estos versículos a tu vida?

DÍA 1 • *Lee* 2 Corintios 8–13

DÍA 2 • *Lee* Gálatas 1–6

Haz o escribe tu oración:

Considera

1 ¿Qué revelan estos versículos sobre Dios y Su carácter?
2 ¿De qué manera Jesús está presente en estos capítulos? ¿Dónde identificas el evangelio?
3 ¿Cómo podrías aplicar estos versículos a tu vida?

DÍA 3 • *Lee* Efesios 1–6

DÍA 4 • *Lee* Filipenses 1–4

Haz o escribe tu oración:

Considera

1. ¿Qué revelan estos versículos sobre Dios y Su carácter?
2. ¿De qué manera Jesús está presente en estos capítulos? ¿Dónde identificas el evangelio?
3. ¿Cómo podrías aplicar estos versículos a tu vida?

DÍA 5 • *Lee* Colosenses 1–4

DÍA 6 • *Lee* 1 Tesalonicenses 1–5

Haz o escribe tu oración:

SEMANA 49
REFLEXIÓN

Gracia inagotable

Si existe un océano de gracia a nuestra disposición —y así es—, gran parte de él se encuentra proclamado por el apóstol Pablo en los primeros versículos del libro de Efesios. La traducción griega de estos primeros once versículos conforman una oración larga, ¡y con una buena razón! Pablo está abrumado por la bondad de Dios hacia los pecadores. No fuimos nosotros quienes buscamos a Dios; fue Él quien nos buscó a nosotros. Nunca podríamos comprender, y mucho menos ganar, las bendiciones espirituales que el Señor nos concede: la redención por la sangre de Cristo, el perdón de los pecados, la adopción como hijos, Su amor eterno, una herencia incorruptible, gracia sobre gracia y mucho más. Y Dios lo logra a través de Su propio Hijo.

Al menos siete veces vemos a Pablo hacer referencia a la búsqueda de Dios por nosotros. Su alabanza inicial establece el tono: «Bendito sea Dios, Padre de nuestro Señor Jesucristo, *que* nos ha bendecido en las regiones celestiales con toda bendición espiritual en Cristo» (Ef 1:3). Es Dios quien nos ha bendecido con toda bendición espiritual. Todas las promesas de Dios son «sí» y «amén» en Cristo (2 Co 1:20). Dios no te niega nada que no sea para tu bien absoluto. Él te ha dado, y seguirá dándote, toda bendición espiritual. Solo hay una persona capacitada para conceder acceso a estas bendiciones: Jesucristo.[1]

IDEAS PARA EL DÍA DE DESCANSO

Ponte al día con las lecturas que te hayan quedado pendientes.

Tómate un momento para estudiar un pasaje o capítulo con el método de estudio bíblico que prefieras.

Identifica a una persona o situación en el texto y profundiza en su historia.

SEMANA 50

2 Tesalonicenses 1
a
Hebreos 6

Considera

1 ¿Qué revelan estos versículos sobre Dios y Su carácter?
2 ¿De qué manera Jesús está presente en estos capítulos? ¿Dónde identificas el evangelio?
3 ¿Cómo podrías aplicar estos versículos a tu vida?

DÍA 1 • *Lee* 2 Tesalonicenses 1–3

DÍA 2 • *Lee* 1 Timoteo 1–6

Haz o escribe tu oración:

Considera

1 ¿Qué revelan estos versículos sobre Dios y Su carácter?
2 ¿De qué manera Jesús está presente en estos capítulos? ¿Dónde identificas el evangelio?
3 ¿Cómo podrías aplicar estos versículos a tu vida?

DÍA 3 • *Lee* 2 Timoteo 1–4

DÍA 4 • *Lee* Tito 1–3

Haz o escribe tu oración:

Considera

1 ¿Qué revelan estos versículos sobre Dios y Su carácter?
2 ¿De qué manera Jesús está presente en estos capítulos? ¿Dónde identificas el evangelio?
3 ¿Cómo podrías aplicar estos versículos a tu vida?

DÍA 5 • *Lee* Filemón

DÍA 6 • *Lee* Hebreos 1–6

Haz o escribe tu oración:

SEMANA 50
REFLEXIÓN

Vayan y hagan discípulos

Cuando reflexiono en 1 y 2 Timoteo y Tito, pienso en el discipulado. En 1 y 2 Timoteo, Pablo escribe a su protegido, Timoteo, enseñándole a dirigir la iglesia y a discipular. Tito, por su parte, podría considerarse como la materia titulada: «Vida cristiana 101». Estos libros abordan muchos temas, pero son especialmente instructivos en cuanto a cómo debemos relacionarnos entre nosotros y con la iglesia.

En Tito 2, vemos una imagen clara de las relaciones de discipulado. Él busca maestros y modelos, pero no perfección. Muchas veces pensamos que debemos tenerlo todo resuelto para enseñar a otros. Esto no podría estar más lejos de la verdad. Nadie podría enseñar a nadie si así fuera.

Marta no lo tenía todo resuelto. Se la animó a descansar; sin embargo, ella amaba a Jesús, y Él no la condenó.

Pedro negó a Cristo tres veces. No una vez, ni dos veces, sino tres. Y Dios lo usó de una manera poderosa.

Cada uno de nosotros está llamado a hacer discípulos, pero este llamado puede verse obstaculizado por el temor de no ser lo suficientemente inteligentes, buenos o comprometidos. Es cierto que hay áreas en las que podemos crecer. Sin embargo, si Él está buscando personas perfectas, no encontrará ninguna. Lo que Él busca es gente dispuesta. Así que, mientras luchamos contra nuestras propias tentaciones, nos esforzamos en nuestras relaciones con los demás y aprendemos a hacer discípulos que hagan discípulos.

IDEAS PARA EL DÍA DE DESCANSO

Ponte al día con las lecturas que te hayan quedado pendientes.

Tómate un momento para estudiar un pasaje o capítulo con el método de estudio bíblico que prefieras.

Identifica a una persona o situación en el texto y profundiza en su historia.

Para este Melquisedec,
Salem y sacerdote del D
encontró con Abraham
la matanza de los Reyes
a él, Abraham distribuy
parte de todo. Él es prin
traducción de su nombr
justicia, y luego tambiér
Salem, es decir, rey de la
padre, madre ni genealo
ningún comienzo de día
de la vida, sino que se as
de Dios, continúa con u
para siempre. ¡Mira lo g
este hombre con quien

SEMANA 51

Hebreos 7
a
1 Juan 5

Considera

1 ¿Qué revelan estos versículos sobre Dios y Su carácter?
2 ¿De qué manera Jesús está presente en estos capítulos? ¿Dónde identificas el evangelio?
3 ¿Cómo podrías aplicar estos versículos a tu vida?

DÍA 1 • *Lee* Hebreos 7–10

DÍA 2 • *Lee* Hebreos 11–13

Haz o escribe tu oración:

Considera

1 ¿Qué revelan estos versículos sobre Dios y Su carácter?
2 ¿De qué manera Jesús está presente en estos capítulos? ¿Dónde identificas el evangelio?
3 ¿Cómo podrías aplicar estos versículos a tu vida?

DÍA 3 • *Lee* Santiago 1–5

DÍA 4 • *Lee* 1 Pedro 1–5

Haz o escribe tu oración:

Considera

1 ¿Qué revelan estos versículos sobre Dios y Su carácter?
2 ¿De qué manera Jesús está presente en estos capítulos? ¿Dónde identificas el evangelio?
3 ¿Cómo podrías aplicar estos versículos a tu vida?

DÍA 5 • *Lee* 2 Pedro 1–3

DÍA 6 • *Lee* 1 Juan 1–5

Haz o escribe tu oración:

SEMANA 51
REFLEXIÓN

Dolor con propósito

El sufrimiento es difícil. Las pruebas pueden desorientarnos. Sin embargo, nuestro dolor, al igual que el que sufrió Jesús, tiene un propósito. Incluso en medio de nuestro pesar, sabemos que hay un propósito grande y glorioso en las pruebas. El sufrimiento está diseñado para purificar nuestra fe.

Pedro consoló a los cristianos de Asia Menor al recordarles (y recordarnos a nosotros) el profundo propósito del sufrimiento. Escribió lo siguiente:

> Esto es para ustedes motivo de gran alegría, a pesar de que hasta ahora han tenido que sufrir diversas pruebas por un tiempo. El oro, aunque perecedero, se acrisola al fuego. Así también la fe de ustedes, que vale mucho más que el oro, al ser acrisolada por las pruebas demostrará que es digna de aprobación, gloria y honor cuando Jesucristo se revele. (1 Pedro 1:6-7)

En *The Suffering of Man and the Sovereignty of God* [El sufrimiento del hombre y la soberanía de Dios], Charles Spurgeon aborda la fe genuina de Job, probada por el fuego, y cómo su fe refleja la fe que todos deseamos tener. Escribe: «¿De qué mejor manera puede el creyente revelar su lealtad a su Señor? Evidentemente, sigue a su Maestro, no solo cuando hace buen tiempo, sino en los caminos más sucios y ásperos».[1]

Ya sea en la prosperidad o en la desesperación, que nuestras palabras sean de oración, súplica y alabanza a nuestro Padre. Necesitaremos Su poder para alabar Su nombre.

IDEAS PARA EL DÍA DE DESCANSO

Ponte al día con las lecturas que te hayan quedado pendientes.

Tómate un momento para estudiar un pasaje o capítulo con el método de estudio bíblico que prefieras.

Identifica a una persona o situación en el texto y profundiza en su historia.

SEMANA 52

2 Juan
a
Apocalipsis 22

Considera

1 ¿Qué revelan estos versículos sobre Dios y Su carácter?
2 ¿De qué manera Jesús está presente en estos capítulos? ¿Dónde identificas el evangelio?
3 ¿Cómo podrías aplicar estos versículos a tu vida?

DÍA 1 • *Lee* 2 Juan, 3 Juan, Judas

DÍA 2 • *Lee* Apocalipsis 1–5

Haz o escribe tu oración:

Considera

1. ¿Qué revelan estos versículos sobre Dios y Su carácter?
2. ¿De qué manera Jesús está presente en estos capítulos? ¿Dónde identificas el evangelio?
3. ¿Cómo podrías aplicar estos versículos a tu vida?

DÍA 3 • *Lee* Apocalipsis 6–11

DÍA 4 • *Lee* Apocalipsis 12–16

Haz o escribe tu oración:

Considera

1 ¿Qué revelan estos versículos sobre Dios y Su carácter?
2 ¿De qué manera Jesús está presente en estos capítulos? ¿Dónde identificas el evangelio?
3 ¿Cómo podrías aplicar estos versículos a tu vida?

DÍA 5 • *Lee* Apocalipsis 17–19

DÍA 6 • *Lee* Apocalipsis 20–22

Haz o escribe tu oración:

SEMANA 52
REFLEXIÓN

Un cielo nuevo y una tierra nueva

El libro de Apocalipsis es extraño, confuso y glorioso. Lo he leído varias veces y siempre termino preguntándome cuándo regresará el Señor y agradeciendo por la vida que vendrá con Él por la eternidad.

En Su bondad, Dios nos ha dado una imagen de lo que está por venir para ayudarnos a continuar en la fe y correr esta carrera con perseverancia. Aunque ya lo hayas leído y probablemente hayas seguido avanzando, me gustaría terminar nuestro plan de lectura con esta visión de Apocalipsis 21:1-4:

> Después vi un cielo nuevo y una tierra nueva, porque el primer cielo y la primera tierra habían dejado de existir, lo mismo que el mar. Vi además la ciudad santa, la nueva Jerusalén, que bajaba del cielo, procedente de Dios, preparada como una novia hermosamente vestida para su prometido. Oí una potente voz que provenía del trono y decía: «¡Aquí, entre los seres humanos, está el santuario de Dios! Él habitará en medio de ellos y ellos serán su pueblo; Dios mismo estará con ellos y será su Dios. Él enjugará toda lágrima de los ojos. Ya no habrá muerte ni llanto, tampoco lamento ni dolor, porque las primeras cosas han dejado de existir».

Que tu último día de descanso leyendo la Biblia esté lleno del conocimiento de Dios y de Su paz que sobrepasa todo entendimiento.

Que descanses sabiendo que, un día, Él enjugará toda lágrima con Su amor eterno.

IDEAS PARA EL DÍA DE DESCANSO

Ponte al día con las lecturas que te hayan quedado pendientes.

Tómate un momento para estudiar un pasaje o capítulo con el método de estudio bíblico que prefieras.

Identifica a una persona o situación en el texto y profundiza en su historia.

Epílogo

¡Lo logramos! Leímos la Biblia en un año, en dos años o, tal vez, aún la estás leyendo pero saltaste a esta página. Dondequiera que te encuentres en el proceso, ruego que hoy sientas más asombro por el Señor que ayer. Oro para que no solo crezcas en tu comprensión de la Palabra de Dios, sino también en tu fe. El tiempo que pasas en la Palabra de Dios nunca es en vano. Ahora que has terminado, tómate un momento para revisar los recursos para seguir estudiando, escribir una oración de agradecimiento al Señor, ¡o comenzar de nuevo!

En el espacio de abajo, escribe el Salmo 103:1-5. Una vez que hayas terminado de escribirlo, redacta tu testimonio como un recordatorio de Su obra de redención en tu vida.

«Alaba, alma mía, al Señor; alabe todo mi ser su santo nombre». (Salmos 103:1)

Recursos adicionales

¿Quieres seguir estudiando? Aquí tienes algunos recursos que los editores te recomiendan y esperan que te sean útiles.

Comentarios para ayudar con la interpretación

El Comentario Bíblico Moody

NVI, Biblia de estudio

Comentario Bíblico Contemporáneo

Recursos para el estudio bíblico

Mujer de la Palabra, Jen Wilkin

Breve guía para leer la Biblia

Plan de lectura de la Biblia

	DÍA 1	DÍA 2	DÍA 3	DÍA 4	DÍA 5	DÍA 6	DÍA 7
SEMANA 1	Gn 1–4	Gn 5–10	Gn 11–16	Gn 17–20	Gn 21–24	Gn 25–28	Descansa y Reflexiona
SEMANA 2	Gn 29–31	Gn 32–36	Gn 37–40	Gn 41–43	Gn 44–47	Gn 48–50	Descansa y Reflexiona
SEMANA 3	Éx 1–4	Éx 5–8	Éx 9–11	Éx 12–14	Éx 15–17	Éx 18–21	Descansa y Reflexiona
SEMANA 4	Éx 22–24	Éx 25–27	Éx 28–30	Éx 31–34	Éx 35–37	Éx 38–40	Descansa y Reflexiona
SEMANA 5	Lv 1–5	Lv 6–9	Lv 10–13	Lv 14–16	Lv 17–20	Lv 21–24	Descansa y Reflexiona
SEMANA 6	Lv 25–27	Nm 1–3	Nm 4–6	Nm 7–8	Nm 9–11	Nm 12–14	Descansa y Reflexiona
SEMANA 7	Nm 15–17	Nm 18–20	Nm 21–23	Nm 24–26	Nm 27–30	Nm 31–33	Descansa y Reflexiona
SEMANA 8	Nm 34–36	Dt 1–3	Dt 4–6	Dt 7–10	Dt 11–14	Dt 15–19	Descansa y Reflexiona
SEMANA 9	Dt 20–24	Dt 25–28	Dt 29–31	Dt 32–34	Jos 1–4	Jos 5–8	Descansa y Reflexiona
SEMANA 10	Jos 9–12	Jos 13–17	Jos 18–21	Jos 22–24	Jue 1–3	Jue 4–6	Descansa y Reflexiona
SEMANA 11	Jue 7–9	Jue 10–13	Jue 14–16	Jue 17–19	Jue 20–21	Rut 1–4	Descansa y Reflexiona
SEMANA 12	1 S 1–3	1 S 4–8	1 S 9–11	1 S 12–14	1 S 15–17	1 S 18–20	Descansa y Reflexiona
SEMANA 13	1 S 21–23	1 S 24–26	1 S 27–31	2 S 1–3	2 S 4–7	2 S 8–11	Descansa y Reflexiona
SEMANA 14	2 S 12–14	2 S 15–17	2 S 18–19	2 S 20–22	2 S 23–24	1 R 1–2	Descansa y Reflexiona
SEMANA 15	1 R 3–6	1 R 7–8	1 R 9–11	1 R 12–14	1 R 15–17	1 R 18–20	Descansa y Reflexiona
SEMANA 16	1 R 21–22	2 R 1–3	2 R 4–6	2 R 7–9	2 R 10–12	2 R 13–15	Descansa y Reflexiona
SEMANA 17	2 R 16–18	2 R 19–21	2 R 22–23	2 R 24–25	1 Cr 1–5	1 Cr 6–9	Descansa y Reflexiona
SEMANA 18	1 Cr 10–14	1 Cr 15–17	1 Cr 18–22	1 Cr 23–26	1 Cr 27–29	2 Cr 1–5	Descansa y Reflexiona
SEMANA 19	2 Cr 6–9	2 Cr 10–15	2 Cr 16–20	2 Cr 21–25	2 Cr 26–29	2 Cr 30–33	Descansa y Reflexiona
SEMANA 20	2 Cr 34–36	Esd 1–4	Esd 5–7	Esd 8–10	Neh 1–5	Neh 6–9	Descansa y Reflexiona

	DÍA 1	DÍA 2	DÍA 3	DÍA 4	DÍA 5	DÍA 6	DÍA 7
SEMANA 21	Neh 10-13	Est 1-5	Est. 6-10	Job 1-5	Job 6-10	Job 11-15	Descansa y Reflexiona
SEMANA 22	Job 16-21	Job 22-28	Job 29-32	Job 33-37	Job 38-42	Sal 1-8	Descansa y Reflexiona
SEMANA 23	Sal 9-15	Sal 16-19	Sal 20-26	Sal 27-32	Sal 33-36	Sal 37-40	Descansa y Reflexiona
SEMANA 24	Sal 41-46	Sal 47-53	Sal 54-60	Sal 61-68	Sal 69-72	Sal 73-77	Descansa y Reflexiona
SEMANA 25	Sal 78-82	Sal 83-89	Sal 90-99	Sal 100-105	Sal 106-109	Sal 110-118	Descansa y Reflexiona
SEMANA 26	Sal 119	Sal 120-135	Sal 136-143	Sal 144-150	Pr 1-4	Pr 5-8	Descansa y Reflexiona
SEMANA 27	Pr 9-12	Pr 13-16	Pr 17-20	Pr 21-23	Pr 24-27	Pr 28-31	Descansa y Reflexiona
SEMANA 28	Ec 1-6	Ec 7-12	Cnt 1-4	Cnt 5-8	Is 1-3	Is 4-7	Descansa y Reflexiona
SEMANA 29	Is 8-10	Is 11-14	Is 15-19	Is 20-24	Is 25-28	Is 29-31	Descansa y Reflexiona
SEMANA 30	Is 32-35	Is 36-38	Is 39-41	Is 42-44	Is 45-47	Is 48-50	Descansa y Reflexiona
SEMANA 31	Is 51-53	Is 54-57	Is 58-60	Is 61-64	Is 65-66	Jer 1-3	Descansa y Reflexiona
SEMANA 32	Jer 4-5	Jer 6-8	Jer 9-11	Jer 12-14	Jer 15-17	Jer 18-21	Descansa y Reflexiona
SEMANA 33	Jer 22-24	Jer 25-27	Jer 28-30	Jer 31-32	Jer 33-35	Jer 36-38	Descansa y Reflexiona
SEMANA 34	Jer 39-42	Jer 43-46	Jer 47-48	Jer 49-50	Jer 51-52	Lm 1-2	Descansa y Reflexiona
SEMANA 35	Lm 3-5	Ez 1-4	Ez 5-9	Ez 10-13	Ez 14-16	Ez 17-19	Descansa y Reflexiona
SEMANA 36	Ez 20-21	Ez 22-24	Ez 25-27	Ez 28-30	Ez 31-33	Ez 34-36	Descansa y Reflexiona
SEMANA 37	Ez 37-39	Ez 40-42	Ez 43-45	Ez 46-48	Dn 1-3	Dn 4-6	Descansa y Reflexiona
SEMANA 38	Dn 7-9	Dn 10-12	Os 1-4	Os 5-9	Os 10-14	Jl 1-3	Descansa y Reflexiona
SEMANA 39	Am 1-4	Am 5-9	Abd	Jon-4	Miq 1-4	Miq 5-7	Descansa y Reflexiona
SEMANA 40	Nah 1-3	Hab 1-3	Sof 1-3	Hag 1-2	Zac 1-6	Zac 7-10	Descansa y Reflexiona
SEMANA 41	Zac 11-14	Mal 1-4	Mt 1-5	Mt 6-9	Mt 10-12	Mt 13-15	Descansa y Reflexiona
SEMANA 42	Mt 16-20	Mt 21-23	Mt 24-25	Mt 26-28	Mc 1-4	Mc 5-7	Descansa y Reflexiona
SEMANA 43	Mc 8-10	Mc 11-13	Mc 14-16	Lc 1-2	Lc 3-5	Lc 6-7	Descansa y Reflexiona
SEMANA 44	Lc 8-9	Lc 10-12	Lc 13-16	Lc 17-19	Lc 20-22	Lc 23-24	Descansa y Reflexiona
SEMANA 45	Jn 1-3	Jn 4-6	Jn 7-9	Jn 10-12	Jn 13-16	Jn 17-19	Descansa y Reflexiona

	DÍA 1	DÍA 2	DÍA 3	DÍA 4	DÍA 5	DÍA 6	DÍA 7
SEMANA 46	Jn 20–21	Hch 1–4	Hch 5–7	Hch 8–10	Hch 11–14	Hch 15–18	Descansa y Reflexiona
SEMANA 47	Hch 19–21	Hch 22–25	Hch 26–28	Ro 1–4	Ro 5–8	Ro 9–12	Descansa y Reflexiona
SEMANA 48	Ro 13–16	1 Co 1–4	1 Co 5–9	1 Co 10–12	1 Co 13–16	2 Co 1–7	Descansa y Reflexiona
SEMANA 49	2 Co 8–13	Gá 1–6	Ef 1–6	Fil 1–4	Col 1–4	1 Ts 1–5	Descansa y Reflexiona
SEMANA 50	2 Ts 1–3	1 Tim 1–6	2 Ti 1–4	Tit 1–3	Flm	Heb 1–6	Descansa y Reflexiona
SEMANA 51	Heb 7–10	Heb 11–13	Stg 1–5	1 P 1–5	2 P 1–3	1 Jn 1–5	Descansa y Reflexiona
SEMANA 52	2 Jn y 3 Jn, Jud	Ap 1–5	Ap 6–11	Ap 12–16	Ap 17–19	Ap 20–22	Descansa y Reflexiona

Abreviaturas de los libros de la Biblia

PENTATEUCO

Gn

Éx

Lv

Nm

Dt

HISTÓRICOS

Jos

Jue

Rt

1 y 2 S

1 y 2 R

1 y 2 Cr

Esd

Neh

Est

SAPIENCIALES

Job

Sal

Pr

Ec

Cnt

PROFETAS MAYORES

Is

Jer

Lam

Eze

Dan

PROFETAS MENORES

Os

Jl

Am

Abd

Jon

Miq

Nah

Hab

Sof

Hag

Zac

Mal

EVANGELIOS

Mt

Mc

Lc

Jn

HISTORIA DE LA IGLESIA

Hch

EPÍSTOLAS PAULINAS

Ro

1 Co

2 Co

Gá

Ef

Fil

Col

1 Ts

2 Ts

1 Ti

2 Ti

Tit

Flm

EPÍSTOLAS GENERALES

Heb

Stg

1 P

2 P

1 Jn

2 Jn

3 Jn

Jud

PROFÉTICO

Ap

Notas

INTRODUCCIÓN

1. Bob Smietana, «Lifeway Research: Americans Are Fond of the Bible, Don't Actually Read It» [Los estadounidenses aman la Biblia, pero no la leen], *Lifeway Research*, 25 abril 2017, https://research.lifeway.com/2017/04/25/lifeway-research-americans-are-fond-of-the-bible-dont-actually-read-it/.
2. Estos párrafos de apertura han sido adaptados de *Enjoy: Finding the Freedom to Delight Daily in God's Good Gifts* [Disfruta: Encuentra la libertad para deleitarte a diario en los dones de Dios] por Trillia Newbell (Colorado Springs, CO: Multnomah, 2016), 191-92.
3. De las diversas tablas y estimaciones de lectura que he encontrado, la de Chance Faulkner me pareció la más realista para el lector promedio. Basándose en el recuento de palabras de la versión ESV (English Standard Version) de cada libro de la Biblia, Faulkner calculó el tiempo aproximado de lectura considerando una velocidad de cien palabras por minuto. Algunas personas leen más lento, otras más rápido, pero su estimación parecía coincidir con la duración de las Biblias en audio. Por ejemplo, encontré un gráfico que sugería que leer el libro de Génesis tomaría solo 1.5 horas, mientras que la versión en audio de la ESV dura 4.56 horas (fuente: «Génesis», *Bible Study Tools*, https://www.biblestudytools.com/audio-bible/esv/genesis/). En contraste, la estimación de Faulkner es de aproximadamente 5.30 horas. Si la idea de leer grandes porciones de la Biblia te resulta abrumadora, te animo a que consultes este gráfico que hemos creado basándonos en sus datos.
4. Contenido del gráfico extraído de Chance Faulkner, «How Long Does It Really Take to Read the Bible?», *The Gospel Coalition* ["¿Cuánto toma realmente leer la Biblia?", La coalición del Evangelio], Canadian Edition, 18 noviembre 2018, https://ca.thegospelcoalition.org/article/how-long-does-it-really-take-to-read-the-bible/. Usado con permiso.

SEMANA 3

1. William Cowper y John Newton, *Olney Hymns in Three Books* [Los himnos Olney en tres libros] (Reino Unido: W. Oliver, 1779), 328.
2. Michael Rydelnik y Michael Vanlaningham, *Moody Bible Commentary* [Comentarios de la Moody Bible] (Chicago: Moody Bible Institute, 2014) 127.

SEMANA 6

1. Jay A. Sklar, «Introduction to the Book of Numbers», *NIV Zondervan Study Bible*, ed. D. A. Carson ["Introducción al Libro de Números", *Estudio Bíblico Zondervan de la NVI*] (Grand Rapids, MI: Zondervan, 2015), 239.

2. Kristie Anyabwile, *Literarily: How Understanding Bible Genres Transforms Bible Study* [Literalmente: Cómo entender la manera en que los géneros de la Biblia transforman los Estudios Bíblicos] (Chicago: Moody Bible Institute, 2022), 33.

SEMANA 8

1. Francis Brown, S. R. Driver, and Charles A. Briggs, *Brown-Driver-Briggs Hebrew and English Lexicon* (Lancaster, TX: Snowball Publishing, 2011), 1033.
2. YPuedes aprender más sobre el Shemá a través de sitios web dedicados a la Torá. Te animo a leer "The Shema and the Commandment to Love God in Its Ancient Contexts" por Jon D. Levenson, https://www.thetorah.com/article/the-shema-and-the-commandment-to-love-god-in-its-ancient-contexts.

SEMANA 9

1. J. I. Packer, *Conocer a Dios* (Colombia: Poiema Publicaciones, 2023).
2. *Ibid.*
3. Trillia Newbell, *A Great Cloud of Witnesses* [Una enorme nube de testigos] (Chicago: Moody, 2021), 86.

UNA MIRADA RÁPIDA A LA HISTORIA DEL ANTIGUO TESTAMENTO

1. Este sencillo esquema ha sido adaptado de https://www.watermark.org/blog/bible-timeline. Hay muchos recursos disponibles para ayudarte a entender la historia de las Escrituras. Consulta la lista de recursos que encontrarás al final de este libro.
2. Algunos debaten si Dios realmente guardó silencio, por lo que he añadido comillas aquí.

SEMANA 15

1. Tokunboh Adeyemo, *African Bible Commentary: A One-Volume Commentary Written by 70 African Scholars* [Comentarios bíblicos de África: un tomo escrito por setenta académicos africanos] (Grand Rapids, MI: Zondervan, 2006), 419.

SEMANA 20

1. J. Brian Tucker, «Ezra Introduction», *Moody Bible Commentary* ["Introducción a Esdras", Comentario de la Biblia Moody], eds. Michael Rydelnik y Michael Vanlaningham (Chicago: Moody Bible Institute, 2014), 638.

SEMANA 21

1. William Cowper y John Newton, *Olney Hymns in Three Books* [Himnos Olney en Tres libros] (United Kingdom: W. Oliver, 1779), 328.

SEMANA 30

1. Michael Rydelnik y James Spencer, «Isaías», *The Moody Bible Commentary* ["Isaías", Comentario de la Biblia Moody], eds. Michael Rydelnik, Michael Vanlaningham (Chicago: Moody, 2014), 1066.

SEMANA 35

1. Edward Mote, «Mi esperanza firme está», 1834, https://hymnary.org/text/mi_esperanza_firme_esta.

SEMANA 36

1. Chris Bruno, *La historia completa de la Biblia en 16 versos* (Ellensburg, WA: Proyecto Nehemías, 2018), 57.

SEMANA 37

1. R. C. Sproul, *Knowing Scripture* [Conociendo las Escrituras] (Downers Grove, IL: InterVarsity Press, 1977), 30.

SEMANA 39

1. La sección titulada «Propósito» en *The Moody Bible Commentary* sobre el libro de Abdías resume la situación de la siguiente manera: «Los propósitos del libro son tres. Principalmente, está diseñado para consolar a Judá, mostrando que Dios los defenderá y derrotará a sus enemigos. Para Edom y otras naciones, es una advertencia de que Dios los castigará por su agresión contra Israel. Para todos los creyentes, proporciona consuelo al enseñar que Dios defenderá a Su pueblo». Steven H. Sanchez, «Abdías», *The Moody Bible Commentary*, ed. Michael Rydelnik y Michael Vanlaningham (Chicago: Moody, 2014), 1357.

SEMANA 47

1. El teólogo y líder ministerial Trevin Wax ofrece una crítica útil sobre el Camino de Romanos, sugiriendo que no comienza donde debería. Él propone, y estoy de acuerdo, que deberíamos empezar en Romanos 1. Sin embargo, para nuestro propósito de lectura bíblica, el Camino de Romanos sigue siendo un recorrido refrescante a través del evangelio. Trevin Wax, «Assuming Too Much in Personal Evangelism», *The Gospel Coalition*, 18 mayo 2010, https://www.thegospelcoalition.org/blogs/trevin-wax/assuming-too-much-in-personal-evangelism.

SEMANA 48

1. Esta reflexión es adaptada de un extracto del artículo de Trillia Newbell, «We Can't Be All Heads» [Todos no podemos estar a la cabeza], *Ligonier*, 13 agosto 2016, https://www.ligonier.org/learn/devotionals/we-cant-be-all-heads.

SEMANA 49

1. Esta reflexión es adaptada de un extracto del artículo de Trillia Newbell, «The Breathtaking Love We Tend to Forget», *Desiring God* ["El amor asombroso que tendemos a olvidar", Deseando a Dios], 7 febrero 2019, https://www.desiringgod.org/articles/the-breathtaking-love-we-tend-to-forget.

SEMANA 51

1. Charles Spurgeon, *The Suffering of Man and the Sovereignty of God* [El sufrimiento del hombre y la soberanía de Dios] (Chicago: Fox River Press, 2001), 120.